문제 유형별 핵심 포인트 총정리

시사 JLPT

일본어능력시험

합격 시그널

저자 中村則子, 田代ひとみ, 初鹿野阿れ, 大木理恵

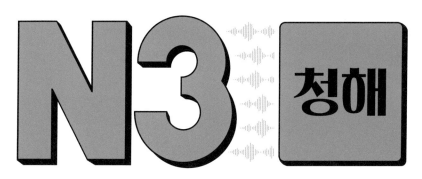

N3 청해

시사일본어사

JLPT 합격 시그널 N3 청해

일본어능력시험(Japanese-Language Proficiency Test)은 일본어를 모국어로 하지 않는 학습자들의 일본어 능력을 측정하고 인정하는 것을 목적으로 하는 시험입니다. 일본어의 능력을 증명하는 수단으로 진학·취직·승급 및 승격·자격 인정 등 다양한 분야에 활용되고 있어서 일본어 능력 시험 합격은 많은 학습자의 목표가 되었습니다.

일본어능력시험은 2010년에 학습자나 그 목적의 다양화 및 활용 분야의 확대 등에 발맞추어 '과제 수행을 위한 언어 커뮤니케이션 능력'을 측정하는 시험으로 내용이 크게 바뀌었습니다. 그러나 방대한 언어 지식을 배워서 운용하는 힘을 높이는 것은 그리 간단하지 않습니다. 특히 비한자권 학습자나 공부 시간의 확보가 어려운 학습자에게 있어서는 합격까지 가는 길이 더욱 힘들게 느껴지는 경우가 적지 않습니다.

본 교재는 수험자 여러분이 시험에 필요한 최소한의 힘을 단기간에 몸에 익혀서 합격에 한걸음 더 다가갈 수 있도록 고안된 본격 시험 대비용 학습서입니다. 엄선된 항목별 문제를 푸는 과정을 통해 스스로 문제를 이해하고 해결하는 힘을 기르는 것을 목표로 합니다.

이 책에서는 N3 레벨의 '청해'를 학습합니다.

이 책의 특징

① 실제 시험과 동일한 형식의 문제로 연습할 수 있습니다.

② 해설이 충실하여 독학으로 학습이 가능합니다.

③ 시험에 출제될 만한 기본 항목이 리스트로 정리되어 있어 효율적으로 익힐 수 있습니다.

청해 파트가 약하다는 학습자들이 많습니다. 이야기를 듣고 이해하지 못한 부분이 나와도 음성은 그대로 흘러가 버리기 때문에 그 자리에서 확인하기 어렵다는 점도 하나의 원인이라고 생각합니다. 본 교재에서는 청취력을 향상시키고 시험 유형에 익숙해지도록 하기 위해 처음부터 실제 일본어능력시험과 동일한 형식의 문제를 풀어 나가도록 구성했습니다. 또한 청해 문제의 핵심적인 내용을 해설을 통해 확인할 수 있도록 구성하였으며, 일러스트나 표를 활용하여 시각적으로도 즐겁게 익힐 수 있게 하였습니다.

본 교재가 일본어능력시험에 도움이 될 수 있기를 진심으로 기원합니다.

저자 일동

목차

일본어능력시험 **N3 청해** 파트 소개

🗂 시험 레벨

일본어능력시험은 N5 ~ N1의 5단계 레벨입니다.

N3는 중간 레벨로 일상적인 장면에서 사용되는 일본어를 어느 정도 이해 가능 한지를 측정합니다.

🗂 N3 시험 과목과 시험 시간

과목	언어지식(문자 · 어휘)	언어지식(문법) · 독해	청해
시간	30분	70분	45분

🗂 N3 청해 문제

	문제	문항 수	목표
1	과제 이해	6	정리된 텍스트를 듣고 내용을 이해할 수 있는지를 묻는다. (구체적인 과제 해결에 필요한 정보를 들려 주고 다음에 무엇을 하는 것이 적당한지를 묻는다.)
2	포인트 이해	6	정리된 텍스트를 듣고 내용을 이해할 수 있는지를 묻는다. (사전에 지시되어 있는 들어야 할 사항에 근거하여 포인트를 압축하여 들을 수 있는지를 묻는다.)
3	개요 이해	3	정리된 텍스트를 듣고 내용을 이해할 수 있는지를 묻는다. (텍스트 전체에서 화자의 의도나 주장 등이 이해 가능한지를 묻는다.)
4	발화 표현	4	그림을 보면서 상황 설명을 듣고 적절한 발화가 선택 가능한지를 묻는다.
5	즉시 응답	9	질문 등의 짧은 발화를 듣고 적절한 응답이 선택 가능 한지를 묻는다.

〈문항 수〉는 매회 시험에서 출제되는 문항 수를 기준으로 하되, 실제 시험에서의 출제되는 문항 수와 다소 차이가 나는 경우가 있으며 변경될 수도 있습니다.

📁 N3의 득점 구분과 합격 여부 판정

득점 구분	득점 범위	기준점	합격점/종합득점
언어지식(문자 · 어휘, 문법)	0 ~ 60점	19점	
독해	0 ~ 60점	19점	95점/180점
청해	0 ~ 60점	19점	

총 180점 만점에 합격점은 95점 이상입니다. 단, 언어지식(문자 · 어휘, 문법), 독해, 청해의 각 영역별 과락 기준 점수 19점을 넘어야 합니다. 종합 득점이 95점 이상이라도 각 과목별 득점이 한 파트라도 18점 이하 점수가 있으면 불합격 처리됩니다.

일본어 능력 시험 공식 웹사이트 (https://www.jlpt.or.kr)에서 발췌
자세한 시험 정보는 일본어능력시험 공식 웹사이트에서 확인하세요.

1 목적

청해 문제의 포인트를 이해하고 시험 합격에 필요한 최소한의 실력을 기릅니다.

2 구성

❶ 본책

✍ 연습 문제

• 문제 유형 설명과 예제

본 시험의 다섯 개의 문제 유형을 처음 배우는 회차에서는 그 문제 유형에 대한 설명이 있고 문제를 푸는 흐름(문제 풀이 과정), 상황 설명과 질문의 예, 듣기 방법의 포인트가 적혀 있습니다. 그다음에 예제, 정답, 해설, 스크립트가 있습니다.

• 연습 문제

각각의 문제 형식에 대응하는 연습 문제가 있습니다. 1회부터 11회까지는 한 종류, 또는 두 종류의 문제 유형을 다루고 있습니다. 12회는 모의시험에 대비하여 모든 유형의 문제가 있습니다.

✍ 모의시험

실제 시험과 동일한 유형의 문제입니다. 어느 정도 실력이 늘었는지 확인 가능합니다.

✍ 주요 표현

'인사, 경어, 허가 구하기' 등 시험에 자주 출제 되는 표현을 예문과 함께 정리했습니다. '구어 체'의 발음 변화나 '인토네이션'에 따른 의미 차이 등 음성과 관련된 항목에 대해서도 정리되어 있습니다('인토네이션'은 음성 첨부). 예제나 연습 문제의 해설(별책)에 관련된 주요 표현의 페이지가 「→」로 표시 되어 있습니다.

❷ 별책

✍ 스크립트 / 정답 및 해설

정답의 해설뿐만 아니라 오답에도 해설이 있으며, 한글 번역도 함께 수록되어 있습니다.

❸ 음성

QR을 핸드폰으로 찍으면 음성을 들을 수 있습니다.

시사일본어사 홈페이지에서도 음성을 무료로 다운로드 할 수 있습니다.

https://www.sisabooks.com/jpn

연습 문제와 더불어 주요 표현에 수록된 「4. 인토네이션(p.71)」에도 음성을 첨부했습니다.

3 범례

🔊 트랙 번호   → 주요 표현이 수록된 페이지

4 표기

기본적으로 상용 한자표(2010년 11월)에 있는 것은 한자로 표기했습니다. 단, 히라가나 표기가 적절하다고 판단될 경우에는 예외로 히라가나로 표기했습니다. 본책, 별책의 모든 한자에는 후리가나(한자 읽는 법)를 달았습니다.

5 독학 학습 방법 및 학습 시간

일본어능력시험 N3의 청해 문제에는 다섯 개의 문제 유형(과제 이해, 포인트 이해, 개요 이해, 발화 표현, 즉시 응답)이 있습니다. 1회부터 차례대로 진행해 주세요. 예를 들면 1회에서는 처음에 과제 이해의 흐름과 듣기 포인트가 해설되어 있는데 그 내용을 이해한 뒤에, 예제를 풀어 봅시다. 그리고 예제를 풀었으면 정답 및 해설을 읽고 자신이 왜 틀렸는지, 이해가 부족한 부분은 어디인지 확인해 주세요. 그리고 「→」로 표시된 주요 표현을 보며 유사 표현, 틀리기 쉬운 표현 등을 확인해 주세요. 그런 다음, 연습 문제를 풉니다. 연습 문제도 예제와 동일한 방식으로 풀어 보세요.

교실에서 학습할 경우에는 45분 동안 1회를 공부할 수 있도록 되어 있습니다. 그러나 혼자서 공부할 경우에는 자신의 페이스로 진행해 주세요. 1회에 공부하는 시간은 짧아도 괜찮지만 매일 꾸준히 하는 것이 중요합니다. 문제를 풀 때는 절대로 스크립트를 보지 않도록 합시다. 정답을 확인한 뒤에 자신의 이해를 깊게 하기 위해 스크립트를 읽고 확인해 보시기 바랍니다.

이 책을 사용하시는 **선생님께**

1 교실 수업 진행 방법 및 학습 시간

이 책은 각 회당 45분 정도에 진행할 수 있도록 구성했습니다. 다음과 같이 진행해 가도록 가정했습니다만 학습자의 학습 속도나 이해도에 맞춰서 조절해 주세요.

☑ 교실 수업의 경우, 별책의 해답은 미리 교사가 모아서 보관해 두는 방법도 있습니다. 학습자가 스스로 생각하기 전에 스크립트나 해답을 확인해 버리는 상황을 피할 수 있습니다.

☑ 1~3, 5, 6회의 도입부에서는 문제 유형에 대해 설명하고 있습니다. 〈1. 각 문제 유형의 흐름〉과 〈2. 듣기 포인트〉로 각 문제 유형의 특징을 이해하고 어떻게 들으면 좋을지 확인합니다. 그다음, 예제에서 확인한 포인트를 의식하면서 청취 연습을 합니다. 우선, 음성을 1회 들으면서 학습자에게 답을 쓰게 합니다. 다음에 답을 맞춰 보는데, 교실의 상황에 따라서는 한 번 더 듣고 그 다음에 답을 맞춰 볼 수도 있습니다. 정답 및 해설에는 정답과 오답의 해설이 수록되어 있습니다. 학습자에게는 왜 틀렸는지를 생각하게 하기 위한 것으로 이용해 주시기 바랍니다. 또한, 중요한 표현이 있는 경우에는 참고해야 할 '주요 표현'의 페이지가 적혀 있습니다. '주요 표현'에서는 관련된 표현과 문형을 익힐 수 있습니다. 시간이 없을 경우, '주요 표현' 부분은 집에서 학습해 오도록 과제로 제시합니다. 시간적으로 여유가 있을 경우에는 최종 확인을 위해 음성을 한 번 더 들어 봅니다.

☑ 연습 문제 중, 과제 이해, 포인트 이해, 개요 이해는 회화가 길기 때문에 1회 듣고 답을 맞춰 보고, 확인을 위해 한 번 더 듣습니다. 발화 표현과 즉시 응답은 1회 듣고 답을 맞춰 본 뒤 다음 문제로 넘어가는 방식으로 진행합니다. 예제와 마찬가지로 정답 및 해설에는 정답의 해설과 함께 '주요 표현'의 참고 페이지가 표시되어 있습니다.

☑ 전체 12회 뒤에는 모의시험이 있습니다. 실제 일본어능력시험과 동일한 시간으로 시행합니다. 실제 시험에 합격하기 위해서는 전 문항을 다 맞출 필요는 없습니다. 학습자가 틀리기 쉬운 문제 유형이나 틀린 이유를 확인시켜 주는 게 좋습니다.

2 학습 지도 포인트

✍ 문제에 따라 듣기 방법을 바꿀 필요가 있기 때문에 각 문제 유형의 설명에 적혀 있는 특징을 학습자에게 잘 설명하여 문제를 풀 때, 기억해 낼 수 있게 해 주세요.

✍ '주요 표현'을 참고하면 청취력이 향상되며 어휘 정리에도 도움이 됩니다.

✍ 실제 시험은 음성을 1회밖에 들을 수 없기 때문에 학습자가 '모르겠다'고 해도 답을 쓰기 전에는 다시 듣지 말고, 한차례로 그치는 것이 좋습니다.

✍ 답을 맞추어 본 뒤 음성을 다시 들을 때에는 답과 관련된 부분에서 멈추고, 왜 그러한 답이 되는지 확인합니다. 도중에 음성을 멈추면서 들으면 이해하기 쉬워집니다.

✍ 수업 마지막에 스크립트를 보여 주고 각자가 청취하지 못한 어휘 표현을 체크하게 하고 외우도록 합니다. 또한, 다음 수업에서 퀴즈 형식으로 스크립트의 빈칸 채우기 문제, 받아쓰기 시험 등을 시행하는 것도 효과적입니다.

이 시리즈에서는 학습에 맞추어 닌자와 함께 일본 각 지역을 여행합니다. 〈문자·어휘〉, 〈문법〉, 〈독해〉, 〈청해〉를 함께 학습하면 일본 일주가 가능합니다.

〈청해〉에서는 「北海道 홋카이도 · 東北地方 도호쿠 지방」을 여행합니다.

연습 문제

음성 듣기

1회

課題理解
かだいりかい
과제 이해

1. 과제 이해의 흐름   실제 시험 問題 1
もんだい

> 상황 설명과 질문을 듣는다 →

> 이야기를 듣는다 → 한번 더 질문을 듣는다 →

> 문제 용지에 적힌 선택지를 고른다

(선택지가 그림인 경우도 있다.)

무엇을 해야 하는가?

상황 설명 예	질문 예
女の人とホテルの人が話しています。 おんな ひと　　　　　　　　ひと　 はな 여자와 호텔 직원이 이야기하고 있습니다.	女の人は何時までにホテルを出なければ おんな ひと なんじ　　　　　　　　　で なりません か。 여자는 몇 시까지 호텔을 나가야 합니까?
会社で男の人と女の人がメモを見ながら かいしゃ おとこ ひと おんな ひと　　　　 み 話しています。 はな 회사에서 남자와 여자가 메모를 보면서 이야기하고 있습니다.	女の人はこれから、まず何をしますか。 おんな ひと　　　　　　　　　なに 여자는 지금부터 우선 무엇을 합니까?

2. 듣기 포인트

① 「何をしなければならないか
なに
무엇을 해야 하는지」에 주의해서 듣자.
「～てくれる？ ~해 줄래」「～てお
いて (미리) ~해 둬」「～てほしい ~해
주기를 바란다」 등에 주의

② 선택지는 이야기를 듣기 전에 대충
읽어 보자.

③ 메모가 중요! 시간이나 가지고 갈
것 등을 메모하자. 선택지가 그림일 때
에는 그림을 보면서 메모하자.

④ 「まず何をしなければなら
なに
ないか 우선 무엇을 해야 할까」와
같은 문제는 「最初に 처음에」 해
さいしょ
야 하는 것에 주의해야 한다.
→「순번, 차례」 p.74

3. 예제 🔊 001

　この問題では、まず質問を聞いてください。それから話を聞いて、問題用紙の1から4の中から、最もよいものを一つえらんでください。

정답　4

　ロウソクとマッチはお父さんが「あ、ここだ」と言っているので、もうここにある。ロウソクに火をつける前に、お父さんは子どもに「バケツに水入れて持ってきて、ロウソクのそばに置いといて」と言い、子どもは「わかった」と言っている。花火を水に入れて火を消すのは、花火が終わってから。「置いといて」は「置いておいて」の話しことば。

양초와 성냥은 아버지가 '아, 여기다'라고 말하고 있으므로 이미 여기에 있다. 양초에 불을 붙이기 전에, 아버지는 아이에게 '양동이에 물을 넣어서 가지고 와서 양초 옆에 놔 둬'라고 말하고, 아이는 '알겠어'라고 말하고 있다. 불꽃놀이 도구를 물에 넣어서 불을 끄는 것은 불꽃놀이가 끝나고 나서이다.

「置いといて」는 「置いておいて 놔 둬」의 구어체 → 「구어체」 p.68

「의뢰하기」 p.74

「~어 있다/~해 두다/~어 있다」→ p.85

子どもとお父さんが話しています。子どもはこのあと何をしますか。

女：お父さん、暗くなってきたよ。花火やろうよ。

男：そうだな。じゃあ、そろそろ始めよう。

女：花火、持ってきたよ。

男：あとは、ロウソクとマッチがいるね。

女：どうしてロウソクが必要なの？

男：ロウソクに火をつけて、その火を花火につけるんだ。ロウソクとマッチは……。

　　あ、ここだ。

女：もうロウソクに火をつけてもいい？

男：その前に、水を準備しなくちゃ。花火が終わったらすぐ消せるように。

女：あ、そうだね。火事になったら危ないよね。

男：バケツに水入れて持ってきて。ロウソクのそばに置いといて。

女：わかった。

子どもはこのあと何をしますか。

아이와 아버지가 이야기하고 있습니다. 아이는 이다음 무엇을 합니까?

여: 아빠, 어두워졌어. 불꽃놀이 하자.

남: 그럴까. 그럼 슬슬 시작하자.

여: 불꽃놀이 가지고 왔어.

남: 다음은 양초랑 성냥이 필요하네.

여: 어째서 양초가 필요한 거야?

남: 양초에 불을 붙여서 그 불을 불꽃에 붙이는 거야. 양초랑 성냥은…….

　　아, 여기다.

여: 이제 양초에 불을 켜도 돼?

남: 그 전에 물을 준비해야 해. 불꽃놀이가 끝나면 바로 끌 수 있도록.

여: 아, 그렇네. 불이 나면 위험하니까.

남: 양동이에 물을 넣어서 가지고 와. 양초 옆에 놔 둬.

여: 알겠어.

아이는 이다음 무엇을 합니까?

연습

■ 과제 이해　🔊 002

　この問題では、まず質問を聞いてください。それから話を聞いて、問題用紙の１から４の中から、最もよいものを一つえらんでください。

1ばん　🔊 003

1　すぐ家に帰る

2　クラスを受けてみる

3　クラスを見学してみる

4　クラスに入る手続きをする

2ばん　🔊 004

ア

イ

ウ

1　ア　　　　　　　2　アイ

3　イウ　　　　　　4　アウ

3ばん　🔊 005

1　10時

2　10時半

3　10時45分

4　11時

2회

発話表現・課題理解
はつわひょうげん・かだいりかい
발화 표현·과제 이해

1. 발화 표현의 흐름　실제 시험 問題4

> 그림을 본다　→
>
> 상황 설명과 질문을 듣는다　→
>
> 선택지를 듣고, 화살표(➡)가 가리키는
>
> 사람이 뭐라고 말하는지 답을 고른다

화살표(➡)가 가리키는 사람은 뭐라고 말할까?

(실제 시험의 문제 용지에는 선택지는 적혀 있지 않다.)

상황 설명 예	질문 예
隣の部屋の音楽がうるさいです。 옆방의 음악이 시끄럽습니다.	何と言いますか。 뭐라고 말합니까?
授業に少し遅れました。 수업에 조금 늦었습니다.	先生に何と言いますか。 선생님께 뭐라고 말합니까?

이 문제에서 자주 출제 되는 표현: '인사', '의뢰', '허가', '자청', '권유' 등 주요 표현의 리스트를 보고 복습해 두자.

2. 듣기 포인트

① 음성을 듣기 전에 그림을 보고 어떤 장소일까, 두 사람은 어떤 관계 (선생님과 학생, 손님과 호텔 직원 등) 일까 생각하자.

② '상황 설명'은 매우 중요하기 때문에 주의해서 듣자.

③ 화살표(➡)가 가리키는 사람은 뭐라고 말할지 생각하자.

④ 화살표가 가리키는 사람(화자)이 경어를 사용하는 경우, 상대의 행위라면 존경어, 자신의 행위라면 겸양어를 쓴다.
→ 「경어」 p.62

3. 예제　006

　この問題では、えを見ながら質問を聞いてください。やじるし（➡）の人は何と言いますか。1から3の中から、最もよいものを一つえらんでください。

| 1 | 2 | 3 |

정답　3

→「인사 / 의례적 표현」 p.60

1　「おじゃましました」は帰る時に言うあいさつ。
　'실례했습니다'는 돌아갈 때 하는 인사이다.

2　「ごめんなさい」は、相手に悪いことをしたと思って、謝ることば。
　'미안합니다'는 상대에게 잘못된 행동을 했다고 생각하여 사과하는 말이다.

스크립트

先生の部屋に入ります。何と言いますか。 선생님의 방에 들어갑니다. 뭐라고 말합니까?

女： 1　おじゃましました。 실례했습니다.

　　　2　ごめんなさい。 미안합니다.

　　　3　しつれいします。 실례하겠습니다.

연습

■ 발화 표현　🔊 007

この問題では、えを見ながら質問を聞いてください。やじるし（➡）の人は何と言いますか。1から3の中から、最もよいものを一つえらんでください。

1ばん　🔊 008

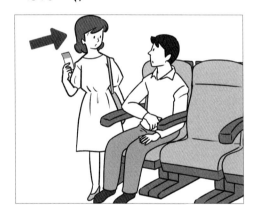

1	2	3

2ばん　🔊 009

1	2	3

3ばん 🔊 010

| 1 | 2 | 3 |

■ 과제 이해 🔊 011

この問題では、まず質問を聞いてください。それから話を聞いて、問題用紙の1から4の中から、最もよいものを一つえらんでください。

4ばん 🔊 012

1 リンさんに土曜日の都合を聞く
2 リンさんに日曜日の都合を聞く
3 坂田さんに二人の都合を連絡する
4 坂田さんの娘さんに会う

5ばん 🔊 013

1 テキストの問題1番、3番、4番、作文1枚
2 テキストの問題1番、3番、4番、作文2枚
3 テキストの問題1番、2番、3番、4番、作文1枚
4 テキストの問題1番、2番、3番、4番、作文2枚

3회

ポイント理解
り かい
포인트 이해

1. 포인트 이해의 흐름　실제 시험 問題 2
もんだい

상황 설명과 문제를 듣는다　→

문제 용지에 있는 선택지를 읽는다　→

이야기를 듣는다　→

한번 더 문제를 듣는다　→

선택지에서 답을 고른다

포인트가 되는 말에
주의하자.

상황 설명 예	질문 예
会社で男の人と女の人が話しています。 かいしゃ　おとこ　ひと　おんな　ひと　はな 회사에서 남자와 여자가 이야기하고 있습니다.	男の人はどうして毎日ジムへ行きますか。 おとこ　ひと　　　　　まいにち　　　い 남자는 왜 매일 헬스장에 갑니까?
電車の中で放送を聞いています。 でんしゃ　なか　ほうそう　き 전철 안에서 방송을 듣고 있습니다.	女の人は、どこで乗り換えますか。 おんな　ひと　　　　　　の　　か 여자는 어디에서 갈아탑니까?
大学で女の人と男の人が話しています。 だいがく　おんな　ひと　おとこ　ひと　はな 대학에서 여자와 남자가 이야기하고 있습니다.	男の人は何が大変だと言っていますか。 おとこ　ひと　なに　たいへん　　い 남자는 무엇이 힘들다고 말합니까?

2. 듣기 포인트

① 「いつ 언제」, 「どこ 어디」, 「どうして 왜」 등의 말이 포인트가 되니까 주의해서 듣자.

② 문제 용지에 있는 선택지를 읽는 시간이 기니까 침착하게 읽자.

③ 선택지에 적혀 있는 말에 주의해서 듣자. 이야기 속에 나오는 말과 다른 표현으로 말할 수도 있다.

3. 예제 🔊014

この問題では、まず質問を聞いてください。そのあと、問題用紙を見てください。読む時間があります。それから話を聞いて、問題用紙の1から4の中から、最もよいものを一つえらんでください。

1 ダイエットしたいから
2 自転車のマシンでトレーニングしたいから
3 美人のコーチに会いたいから
4 シャワーとふろを利用したいから

정답 4

1 「ダイエット？」と聞かれて、「いや」と答えている。「いや」は「いいえ」という意味。
   '다이어트?'라고 질문을 받고 '아니'라고 대답하고 있다. 「いや」는 「いいえ 아니요」라는 의미이다.

2 ジムに自転車のマシンがあると言っているが、それを使ってトレーニングするとは言っていない。
   헬스장에 자전거 머신이 있다고 말하지만, 그것을 사용해서 트레이닝을 한다고는 말하고 있지 않다.

3 美人のコーチに会いたいとは言っていない。男の人の「だといいね」という表現は、それよりも前の文について、「そうだったらいい（本当は違うが）」という意味。
   미인 코치를 만나고 싶다고는 말하고 있지 않다. 남자의 「～だといいね ～라면 좋겠다」라는 표현은 앞 문장에 대해 '그랬으면 좋겠다(사실은 다르지만)'라는 의미이다.

スクリプト

会社で女の人と男の人が話しています。男の人はどうして毎日ジムへ行きますか。

女：あ、前田さん、今帰り？ 最近早いね。

男：うん。先月うちのすぐ近くに、ジムができたんだ。

女：ジムって、プールとか、トレーニングとかできるところ？

男：そうそう、自転車のマシンとかもあって。先月入会してから、毎日行ってるんだ。

女：え～！ びっくり。ダイエット？

男：いや……。

女：え？ じゃあ、コーチが美人だからとか？

男：アハハ、だといいね。会員はさ、いつでも行ってトレーニングできるんだけど、シャ
ワーと広いふろも自由に使えるんだよ。うちで狭いふろに入るより気持ちよくって
さ。今日もこれから行くんだ。じゃ、お先に。

男の人はどうして毎日ジムへ行きますか。

회사에서 여자와 남자가 이야기하고 있습니다. 남자는 왜 매일 헬스장에 갑니까?

여: 어, 마에다 씨, 지금 집에 가는 거야? 요즘 일찍 가네.

남: 응. 지난달 집 근처에 헬스장이 생겼어.

여: 헬스장이라면 수영이라든지 트레이닝이 가능한 곳?

남: 맞아 맞아. 자전거 머신 같은 것도 있고 해서. 지난달에 가입하고 나서 매일 가고 있어.

여: 와아, 놀라운데. 다이어트?

남: 아니…….

여: 어, 그럼 코치가 미인이기 때문에?

남: 하하하, 그럼 좋겠네. 회원은 말이지 언제라도 가서 트레이닝을 할 수 있는데, 샤워장과 넓은 목욕탕도 자유롭게 사용할
수 있어. 집에서 좁은 욕조에 들어가는 것보다 기분이 좋아서. 오늘도 지금 가려고 해. 그럼 먼저 갈게.

남자는 왜 매일 헬스장에 갑니까?

연습

■ 포인트 이해 🔊 015

この問題では、まず質問を聞いてください。そのあと、問題用紙を見てください。読む時間があります。それから話を聞いて、問題用紙の1から4の中から、最もよいものを一つえらんでください。

1ばん 🔊 016

1 会社の名前だけ
2 会社の名前と住所
3 学校の名前だけ
4 学校の名前と住所

2ばん 🔊 017

1 1時半
2 1時45分
3 2時
4 2時15分

3ばん 🔊 018

1 かばんの中
2 コートのポケット
3 ズボンのポケット
4 前の授業の教室

ポイント理解・発話表現
포인트 이해·발화 표현

■ 포인트 이해 🔊019

　この問題では、まず質問を聞いてください。そのあと、問題用紙を見てください。読む時間があります。それから話を聞いて、問題用紙の1から4の中から、最もよいものを一つえらんでください。

1ばん 🔊020

1　東駅
2　西駅
3　みなと公園駅
4　みなと駅

2ばん 🔊021

1　財布を忘れたことに気づいたから
2　事故で電車が動いていなかったから
3　故障で電車が動いていなかったから
4　今日の約束がなくなったから

■ 발화 표현 🔊022

　この問題では、えを見ながら質問を聞いてください。やじるし（➡）の人は何と言いますか。1から3の中から、最もよいものを一つえらんでください。

3ばん 🔊023

| 1 | 2 | 3 |

4ばん 🔊 024

5ばん 🔊 025

6ばん 🔊 026

槪要理解
がいようりかい
개요 이해

5회

1. 개요 이해의 흐름 실제 시험 問題 3

つまり、何？
요컨데, 무슨
말이야？

상황 설명을 듣는다	→

이야기를 듣는다	→	질문을 듣는다	→

선택지를 듣고 답을 고른다

(질문은 이야기 전에 들을 수가 없으며,
실제 시험의 문제 용지에는 아무것도 적혀 있지 않다.)

상황 설명 예	질문 예
女の人が学校に来て話しています。 여자가 학교에 와서 이야기하고 있습니다.	女の人は学校へ何をしに来ましたか。 여자는 학교에 무엇을 하러 왔습니까?
男の人と女の人が話しています。 남자와 여자가 이야기하고 있습니다.	男の人が一番言いたいことは何ですか。 남자가 가장 말하고 싶은 것은 무엇입니까?
テレビでアナウンサーが話しています。 텔레비전에서 아나운서가 이야기하고 있습니다.	アナウンサーは何についてリポートして いますか。 아나운서는 무엇에 대해 리포트하고 있습니까?

2. 듣기 포인트

① '이야기 전체에서 말하고 싶은 것
은 무엇인지'를 생각하면서 듣는다.
작은 것은 신경 쓰지 말고 '즉, 무엇을
말하고자 하는지'를 생각하자.

② 질문과 선택지는 적혀 있지 않다.
이야기 후, 한 번밖에 들을 수 없기 때
문에 잘 듣자.

③ 이 문제에서는 시간, 가격 등 숫
자는 중요하지 않다. 메모는 필요하지
않다.

3. 예제 🔊 027

この問題は、ぜんたいとしてどんなないようかを聞く問題です。話の前に質問はありません。まず話を聞いてください。それから、質問とせんたくしを聞いて、1から4の中から、最もよいものを一つえらんでください。

1	2	3	4

정답 2

女の人は何時の新幹線を予約するか男の人に聞いている。そのために、新大阪駅に何時までに着く新幹線を予約したらいいかが話題になっている。会議の資料についても確認しているが、中心の話題ではない。出張の日の昼ご飯についても話しているが、それは新幹線の時間を決めるためである。

여자는 몇 시의 신칸센을 예약할지 남자에게 묻고 있다. 그 때문에 신오사카역에 몇 시까지 도착하는 신칸센을 예약하면 좋을지가 화제가 되고 있다. 회의 자료에 대해서도 확인하고 있지만, 중심 화제는 아니다. 출장 가는 날의 점심 식사에 대해서도 이야기하고 있지만 그것은 신칸센 시간을 결정하기 위한 것이다.

스크립트

<ruby>女<rt>おんな</rt></ruby>の<ruby>人<rt>ひと</rt></ruby>と<ruby>男<rt>おとこ</rt></ruby>の<ruby>人<rt>ひと</rt></ruby>が<ruby>会社<rt>かいしゃ</rt></ruby>で<ruby>話<rt>はな</rt></ruby>しています。

<ruby>女<rt>おんな</rt></ruby>：<ruby>社長<rt>しゃちょう</rt></ruby>、<ruby>来週<rt>らいしゅう</rt></ruby><ruby>火曜日<rt>かようび</rt></ruby>の<ruby>出張<rt>しゅっちょう</rt></ruby>ですが、<ruby>何時<rt>なんじ</rt></ruby>の<ruby>新幹線<rt>しんかんせん</rt></ruby>をお<ruby>取<rt>と</rt></ruby>りしますか。

<ruby>男<rt>おとこ</rt></ruby>：<ruby>会議<rt>かいぎ</rt></ruby>が 10 <ruby>時<rt>じ</rt></ruby>からなので、9 <ruby>時<rt>じ</rt></ruby>までには<ruby>新大阪駅<rt>しんおおさかえき</rt></ruby>に<ruby>着<rt>つ</rt></ruby>きたいな。

<ruby>女<rt>おんな</rt></ruby>：はい、わかりました。

<ruby>男<rt>おとこ</rt></ruby>：それから、<ruby>持<rt>も</rt></ruby>っていく<ruby>資料<rt>しりょう</rt></ruby>はもうできているよね。

<ruby>女<rt>おんな</rt></ruby>：はい、<ruby>机<rt>つくえ</rt></ruby>の<ruby>上<rt>うえ</rt></ruby>に<ruby>置<rt>お</rt></ruby>いてあります。

<ruby>男<rt>おとこ</rt></ruby>：あ、そうだ。<ruby>会議<rt>かいぎ</rt></ruby>の<ruby>時間<rt>じかん</rt></ruby>が 1 <ruby>時<rt>じ</rt></ruby>に<ruby>変<rt>か</rt></ruby>わったんだ。<ruby>悪<rt>わる</rt></ruby>いけど、12 <ruby>時<rt>じ</rt></ruby>までに<ruby>着<rt>つ</rt></ruby>けるようにしてくれる？

<ruby>女<rt>おんな</rt></ruby>：ああ、はい。そうしますと、<ruby>昼食<rt>ちゅうしょく</rt></ruby>は<ruby>新幹線<rt>しんかんせん</rt></ruby>の<ruby>中<rt>なか</rt></ruby>で<ruby>召<rt>め</rt></ruby>し<ruby>上<rt>あ</rt></ruby>がりますか。

<ruby>男<rt>おとこ</rt></ruby>：<ruby>昼<rt>ひる</rt></ruby>かあ。<ruby>久<rt>ひさ</rt></ruby>しぶりに<ruby>大阪<rt>おおさか</rt></ruby>でうどんが<ruby>食<rt>た</rt></ruby>べたいなあ。じゃあ、11 <ruby>時半<rt>じはん</rt></ruby>までに<ruby>着<rt>つ</rt></ruby>けるようにしてもらえる？

<ruby>女<rt>おんな</rt></ruby>：はい、わかりました。

<ruby>二人<rt>ふたり</rt></ruby>は<ruby>主<rt>おも</rt></ruby>に<ruby>何<rt>なに</rt></ruby>について<ruby>話<rt>はな</rt></ruby>していますか。

1 <ruby>出張<rt>しゅっちょう</rt></ruby>の<ruby>行<rt>い</rt></ruby>き<ruby>先<rt>さき</rt></ruby>
2 <ruby>新幹線<rt>しんかんせん</rt></ruby>の<ruby>切符<rt>きっぷ</rt></ruby>の<ruby>予約<rt>よやく</rt></ruby>
3 <ruby>会議<rt>かいぎ</rt></ruby>の<ruby>資料<rt>しりょう</rt></ruby>の<ruby>作<rt>つく</rt></ruby>り<ruby>方<rt>かた</rt></ruby>
4 <ruby>出張<rt>しゅっちょう</rt></ruby>の<ruby>日<rt>ひ</rt></ruby>の<ruby>昼<rt>ひる</rt></ruby>ご<ruby>飯<rt>はん</rt></ruby>

여자와 남자가 회사에서 이야기하고 있습니다.

여: 사장님, 다음 주 화요일 출장말인데요. 몇 시 신칸센을 예약할까요?
남: 회의가 10시부터니까 9시까지는 신오사카역에 도착하고 싶은데.
여: 네, 알겠습니다.
남: 그리고 가지고 갈 자료는 이미 준비돼 있는 거지?
여: 네. 책상 위에 놓아두었습니다.
남: 아, 맞다. 회의 시간이 1시로 변경됐지. 미안하지만 12시까지 도착할 수 있도록 해 줄래?
여: 아, 네. 그렇다면 점심 식사는 신칸센 안에서 드시겠습니까?
남: 점심? 오랜만에 오사카에서 우동을 먹고 싶네. 그럼 11시 30분까지 도착할 수 있도록 해 줄 수 있겠어?
여: 네, 알겠습니다.

두 사람은 주로 무엇에 대해 이야기하고 있습니까?

1 출장지 2 신칸센 티켓 예약 3 회의 자료 만드는 법 4 출장 가는 날 점심 식사

연습

■ 개요 이해 🔊 028

　この問題は、ぜんたいとしてどんなないようかを聞く問題です。話の前に質問はありません。まず話を聞いてください。それから、質問とせんたくしを聞いて、1から4の中から、最もよいものを一つえらんでください。

1 ばん 🔊 029

1	2	3	4

2 ばん 🔊 030

1	2	3	4

3 ばん 🔊 031

1	2	3	4

即時応答・概要理解

そく じ おうとう　がいよう り かい

6회 즉시 응답·개요 이해

1. 즉시 응답의 흐름　　실제 시험 問題5

もんだい

짧은 문장을 듣는다　→

세 개의 선택지를 듣는다　→

답을 고른다

(실제 시험 문제 용지에는 아무것도 적혀 있지 않다.)

> 적절한 대답을 생각하자!

짧은 문장 예

これ、使ってもいいですか。

つか

이거, 사용해도 됩니까?

部長、レポート終わりました。

ぶ ちょう　　　　　　　　　お

부장님, 리포트 다 썼습니다.

お先に失礼します。

さき　しつれい

먼저 실례하겠습니다.

2. 듣기 포인트

① 짧은 문장은 '인사'나 '질문', '보고' 등이다. 그에 어울리는 대답을 생각하자.

② 간접적인 화법에 주의하자.

예 A : この部屋、寒いですね。
　　　　　　　へ や　さむ
　　이 방, 춥네요.

　　B : (　대답　)

A는 방이 추워서 따뜻하게 해 주었으면 좋겠다고 생각하는 것이다. 그에 어울리는 대답을 선택하자.

③ 경어나 친구와의 말투에 주의하자. 누가 누구에게 말하고 있는 것인지 두 사람의 관계에 주의 하자.

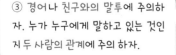

④ '인사' 등 의례적 표현을 외우자.
→ 「인사/의례적 표현」 p.60

3. 예제 🔊 032

　この問題では、まず文を聞いてください。それから、そのへんじを聞いて、１から３の中から、最もよいものを一つえらんでください。

1	2	3

정답　2

男の人は女の人が切符を落としたことを教えた。その返事としては、お礼を言うのが適切。この「すみません」はお礼として言っている。

남자는 여자가 티켓을 떨어뜨린 것을 알려 주었다. 그 대답으로는 감사 인사를 하는 것이 적절하다. 여기서 「すみません」은 감사 인사로서 말하고 있다.

1　切符を落としたことを教えてもらった時の返事として、「落としました」とは答えない。「この切符、落としましたか」という質問に対する返事だったら、「落としました」と答えることは可能。

　티켓을 떨어뜨린 것을 알려 주었을 때의 대답으로, '떨어뜨렸습니다'라고는 대답하지 않는다. '이 티켓, 떨어뜨리셨습니까?'라는 질문에 대한 대답이라면 '떨어뜨렸습니다'라고 대답하는 것은 가능하다.

3　「探しましょうか」は、この場合、女の人が男の人のために探してあげるという意味になる。

　'찾아 드릴까요?'는 이 경우, 여자가 남자를 위해 찾아주겠다는 의미가 된다.→「자청하기」 p.77

스크립트

男：切符、落としましたよ。 티켓, 떨어뜨리셨어요.

女：1　あ、落としました。 아, 떨어뜨렸습니다.

　　2　あ、すみません。 아, 감사합니다.

　　3　あ、探しましょうか。 아, 찾아 드릴까요?

연습

■ 즉시 응답　🔊033

　この問題では、まず文を聞いてください。それから、そのへんじを聞いて、1から3の中から、最もよいものを一つえらんでください。

1ばん　🔊034

| 1 | 2 | 3 |

2ばん　🔊035

| 1 | 2 | 3 |

3ばん　🔊036

| 1 | 2 | 3 |

■ 개요 이해 🔊037

この問題は、ぜんたいとしてどんなないようかを聞く問題です。話の前に質問はありません。まず話を聞いてください。それから、質問とせんたくしを聞いて、1から4の中から、最もよいものを一つえらんでください。

4ばん 🔊038

1	2	3	4

5ばん 🔊039

1	2	3	4

課題理解・即時応答
과제 이해·즉시 응답

■ 과제 이해 🔊 040

この問題では、まず質問を聞いてください。それから話を聞いて、問題用紙の1から4の中から、最もよいものを一つえらんでください。

1ばん 🔊 041

1 紙を半分に切る
2 好きな色の紙を選ぶ
3 紙に穴を開けてひもを通す
4 神様へのお願いを書く

2ばん 🔊 042

1 営業部の人たちに会議室から出ていってもらう
2 営業部の人たちに机を動かすのをやめてもらう
3 営業部の会議が終わったら、資料をコピーする
4 営業部の会議が終わったら、机の並べ方を確認する

3ばん 🔊 043

1

2

3

4

■ 즉시 응답　🔊 044

　この問題では、まず文を聞いてください。それから、そのへんじを聞いて、1から3の中から、最もよいものを一つえらんでください。

4ばん　🔊 045

| 1 | 2 | 3 |

5ばん　🔊 046

| 1 | 2 | 3 |

6ばん　🔊 047

| 1 | 2 | 3 |

7ばん　🔊 048

| 1 | 2 | 3 |

■ 과제 이해 🔊049

　この問題では、まず質問を聞いてください。それから話を聞いて、問題用紙の1から4の中から、最もよいものを一つえらんでください。

1ばん 🔊050

1　ふたばクリニック
2　川本病院
3　山田医院
4　ゆりクリニック

2ばん 🔊051

1　6時20分にセンター北駅で待つ
2　6時50分にセンター北駅で待つ
3　6時20分に西山駅で待つ
4　6時50分に西山駅で待つ

3ばん 🔊052

1　左側の機械でチケットを買う
2　右側の入り口から入る
3　入り口に30分ぐらい並ぶ
4　今日はやめて、家に帰る

■ 즉시 응답　🔊 053

この問題では、まず文を聞いてください。それから、そのへんじを聞いて、１から３の中から、最もよいものを一つえらんでください。

4ばん　🔊 054

1	2	3

5ばん　🔊 055

1	2	3

6ばん　🔊 056

1	2	3

7ばん　🔊 057

1	2	3

ポイント理解・発話表現

9회

포인트 이해 · 발화 표현

■ **포인트 이해** 🔊 058

この問題では、まず質問を聞いてください。そのあと、問題用紙を見てください。読む時間があります。それから話を聞いて、問題用紙の1から4の中から、最もよいものを一つえらんでください。

1ばん 🔊 059

1 うすい黄色
2 青で白い模様
3 緑色
4 緑と青のしま

2ばん 🔊 060

1 傘がだめになったこと
2 ひどい雨に降られたこと
3 大切な本がぬれたこと
4 パソコンが壊れたこと

3ばん 🔊 061

1 休みがとれないから
2 給料が安いから
3 妻の会社を手伝うから
4 外国の企業に就職したいから

■ 발화 표현　🔊 062

　この問題では、えを見ながら質問を聞いてください。やじるし（➡）の人は何と言いますか。1から3の中から、最もよいものを一つえらんでください。

4 ばん　🔊 063

1	2	3

5 ばん　🔊 064

1	2	3

6 ばん　🔊 065

1	2	3

ポイント理解・発話表現

포인트 이해 · 발화 표현

■ **포인트 이해** 🔊 066

この問題では、まず質問を聞いてください。そのあと、問題用紙を見てください。読む時間があります。それから話を聞いて、問題用紙の1から4の中から、最もよいものを一つえらんでください。

1ばん 🔊 067

1 家族の人形
2 ウサギの人形
3 赤ちゃんの本
4 服

2ばん 🔊 068

1 牛乳が入っている料理
2 クリームが入っている料理
3 チーズ
4 アイスクリーム

3ばん 🔊 069

1 赤いワンピース
2 ピンクのブラウス
3 青いワンピース
4 茶色のジャケット

■ 발화 표현 　🔊 070

　この問題では、えを見ながら質問を聞いてください。やじるし（➡）の人は何と言いますか。1から3の中から、最もよいものを一つえらんでください。

4ばん　🔊 071

1	2	3

5ばん　🔊 072

1	2	3

6ばん　🔊 073

1	2	3

がいようりかい そくじおうとう
概要理解・即時応答
개요 이해·즉시 응답

■ 개요 이해　🔊 074

　この問題は、ぜんたいとしてどんなないようかを聞く問題です。話の前に質問はありません。まず話を聞いてください。それから、質問とせんたくしを聞いて、1から4の中から、最もよいものを一つえらんでください。

1ばん　🔊 075

1	2	3	4

2ばん　🔊 076

1	2	3	4

3ばん　🔊 077

1	2	3	4

■ 즉시 응답 🔊 078

この問題では、まず文を聞いてください。それから、そのへんじを聞いて、1から3の中から、最もよいものを一つえらんでください。

4ばん 🔊 079

1	2	3

5ばん 🔊 080

1	2	3

6ばん 🔊 081

1	2	3

7ばん 🔊 082

1	2	3

12回 <ruby>総合練習<rt>そうごうれんしゅう</rt></ruby>
종합 연습

■ 과제 이해 🔊083

この<ruby>問題<rt>もんだい</rt></ruby>では、まず<ruby>質問<rt>しつもん</rt></ruby>を<ruby>聞<rt>き</rt></ruby>いてください。それから<ruby>話<rt>はなし</rt></ruby>を<ruby>聞<rt>き</rt></ruby>いて、<ruby>問題用紙<rt>もんだいようし</rt></ruby>の1から4の<ruby>中<rt>なか</rt></ruby>から、<ruby>最<rt>もっと</rt></ruby>もよいものを<ruby>一<rt>ひと</rt></ruby>つえらんでください。

1ばん 🔊084

ア

イ

ウ

エ

オ
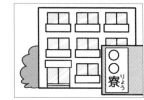

1　ア→イ→ウ→エ→オ　　2　ア→イ→ウ→エ

3　イ→ア→ウ→エ→オ　　4　イ→ア→ウ→エ

■ 포인트 이해 🔊085

この<ruby>問題<rt>もんだい</rt></ruby>では、まず<ruby>質問<rt>しつもん</rt></ruby>を<ruby>聞<rt>き</rt></ruby>いてください。そのあと、<ruby>問題用紙<rt>もんだいようし</rt></ruby>を<ruby>見<rt>み</rt></ruby>てください。<ruby>読<rt>よ</rt></ruby>む<ruby>時間<rt>じかん</rt></ruby>があります。それから<ruby>話<rt>はなし</rt></ruby>を<ruby>聞<rt>き</rt></ruby>いて、<ruby>問題用紙<rt>もんだいようし</rt></ruby>の1から4の<ruby>中<rt>なか</rt></ruby>から、<ruby>最<rt>もっと</rt></ruby>もよいものを<ruby>一<rt>ひと</rt></ruby>つえらんでください。

2ばん 🔊086

1　<ruby>大<rt>おお</rt></ruby>きい<ruby>傘<rt>かさ</rt></ruby>　　　　2　<ruby>少<rt>すこ</rt></ruby>し<ruby>小<rt>ちい</rt></ruby>さくて<ruby>軽<rt>かる</rt></ruby>い<ruby>傘<rt>かさ</rt></ruby>

3　<ruby>折<rt>お</rt></ruby>りたたみの<ruby>軽<rt>かる</rt></ruby>い<ruby>傘<rt>かさ</rt></ruby>　4　<ruby>折<rt>お</rt></ruby>りたたみの<ruby>自動<rt>じどう</rt></ruby>で<ruby>開<rt>ひら</rt></ruby>く<ruby>傘<rt>かさ</rt></ruby>

■ 개요 이해 🔊087

この<ruby>問題<rt>もんだい</rt></ruby>は、ぜんたいとしてどんなないようかを<ruby>聞<rt>き</rt></ruby>く<ruby>問題<rt>もんだい</rt></ruby>です。<ruby>話<rt>はなし</rt></ruby>の<ruby>前<rt>まえ</rt></ruby>に<ruby>質問<rt>しつもん</rt></ruby>はありません。まず<ruby>話<rt>はなし</rt></ruby>を<ruby>聞<rt>き</rt></ruby>いてください。それから、<ruby>質問<rt>しつもん</rt></ruby>とせんたくしを<ruby>聞<rt>き</rt></ruby>いて、1から4の<ruby>中<rt>なか</rt></ruby>から、<ruby>最<rt>もっと</rt></ruby>もよいものを<ruby>一<rt>ひと</rt></ruby>つえらんでください。

3ばん 🔊088

| 1 | 2 | 3 | 4 |

■ 발화 표현　🔊089

　この問題では、えを見ながら質問を聞いてください。やじるし（➡）の人は何と言いますか。1から3の中から、最もよいものを一つえらんでください。

4ばん　🔊090

| 1 | 2 | 3 |

5ばん　🔊091

| 1 | 2 | 3 |

■ 즉시 응답　🔊092

　この問題では、まず文を聞いてください。それから、そのへんじを聞いて、1から3の中から、最もよいものを一つえらんでください。

6ばん　🔊093

| 1 | 2 | 3 |

7ばん　🔊094

| 1 | 2 | 3 |

模擬試験
もぎ しけん

모의시험

음성 듣기

問題1 🔊 095_01

問題1では、まず質問を聞いてください。それから話を聞いて、問題用紙の1から4の中から、最もよいものを一つえらんでください。

1ばん 🔊 095_02

2ばん 🔊 095_03

1 タイトルの文字を大きくする
2 タイトル以外の文字を大きくする
3 写真を小さくする
4 グラフを見やすくする

3ばん 🔊 095_04

1 予約しないで今日5時半に行く
2 予約しないで今日6時に行く
3 今日の8時に予約して行く
4 あしたの6時に予約して行く

4ばん 🔊 095_05

1 店の中でコーヒーを飲む
2 何も買わないで帰る
3 コーヒーを持って帰る
4 電話をかける

5ばん 🔊 095_06

ア
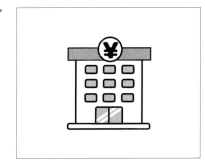

イ
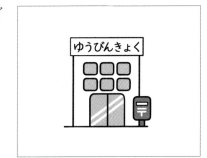

ウ

1 アだけ
2 アとイだけ
3 アとウだけ
4 アとイとウ

6ばん 🔊 095_07

1 2日にTシャツを持っていく
2 3日にTシャツを持っていく
3 2日に400円を持っていく
4 3日に400円を持っていく

問題2 🔊 095_08

　問題2では、まず質問を聞いてください。そのあと、問題用紙を見てください。読む時間があります。それから話を聞いて、問題用紙の1から4の中から、最もよいものを一つえらんでください。

1ばん 🔊 095_09

1　10パーセント

2　15パーセント

3　20パーセント

4　25パーセント

2ばん 🔊 095_10

1　地下1階

2　2階の事務室

3　5階の会議室

4　8階の食堂

3ばん 🔊 095_11

1　同じ料理をくり返して作る

2　ネットで調べて作る

3　作り方に書いてあるとおりに作る

4　作り方を全部覚えて作る

4ばん 🔊 095_12

1　この間会った時のお礼を言いたいから

2　大阪のホテルの名前を教えてもらいたいから

3　大阪のホテルの値段を知りたいから

4　来月、大阪に行くことになったと伝えたいから

5ばん 🔊 095_13

1　おいしくなさそうだから
2　女の人がカレーを食べるから
3　あしたカレーを食べるから
4　カレーが好きではないから

6ばん 🔊 095_14

1　絵が上手にならないから
2　先生の教え方がよくないから
3　教室に通う時間が作れないから
4　教室に困った人がいるから

問題3 🔊 095_15

　問題3は、ぜんたいとしてどんないようかを聞く問題です。話の前に質問はありません。まず話を聞いてください。それから、質問とせんたくしを聞いて、1から4の中から、最もよいものを一つえらんでください。

1ばん　🔊 095_16

1	2	3	4

2ばん　🔊 095_17

1	2	3	4

3ばん　🔊 095_18

1	2	3	4

問題4　095_19

問題4では、えを見ながら質問を聞いてください。やじるし（➡）の人は何と言いますか。1から3の中から、最もよいものを一つえらんでください。

1ばん　🔊095_20

1	2	3

2ばん　🔊095_21

1	2	3

3ばん 🔊095_22

4ばん 🔊095_23

問題5 🔊 095_24

問題5では、まず文を聞いてください。それから、そのへんじを聞いて、1から3の中から、最もよいものを一つえらんでください。

1ばん 🔊 095_25 | 1 2 3 |

2ばん 🔊 095_26 | 1 2 3 |

3ばん 🔊 095_27 | 1 2 3 |

4ばん 🔊 095_28 | 1 2 3 |

5ばん 🔊 095_29 | 1 2 3 |

6ばん 🔊 095_30 | 1 2 3 |

7ばん 🔊 095_31 | 1 2 3 |

8ばん 🔊 095_32 | 1 2 3 |

9ばん 🔊 095_33 | 1 2 3 |

모의
시험

주요 표현

음성 듣기

1．あいさつ／決まった表現 (き/ひょうげん) 인사/의례적 표현

例 A：お先に失礼します。 (さき/しつれい) 먼저 실례하겠습니다.
B：お疲れ様でした。 (つか/さま) 수고하셨습니다.

A	B
お元気ですか (げんき) 잘 지내십니까?	おかげさまで 덕분에요 (잘 지냅니다)
[자신이 먼저 돌아갈 때] お先に失礼します (さき/しつれい) 먼저 실례하겠습니다	お疲れ様（でした）／失礼します (つか/さま/しつれい) 수고하셨습니다 / 실례하겠습니다
[아프거나 다친 사람과 헤어질 때] お大事に (だいじ) 몸 조리 잘 하세요	ありがとうございます 감사합니다
[헤어질 때 상대를 걱정하며] 気をつけて (き) 조심해서 가세요	はい 네
（コーヒーでも）いかがですか (커피라도) 어떠십니까?	どうぞおかまいなく (괜찮습니다) 신경 쓰지 마세요 いただきます 잘 먹겠습니다
（もう少し）いかがですか (すこ) (조금 더) 드시겠습니까?	ありがとうございます 감사합니다 もうけっこうです／いえ、けっこうです 이제 괜찮습니다 (충분합니다) / 아니오, 괜찮습니다 (충분합니다)
[누군가에게 대접받았을 때] ごちそうさまでした 잘 먹었습니다	いいえ 아닙니다 (천만에요)
[누군가의 방에 들어갈 때 / 나올 때] 失礼します (しつれい) 실례하겠습니다	[누군가가 들어올 때] どうぞ 자, (들어오세요)

[누군가의 집에 들어갈 때] おじゃまします 실례하겠습니다	どうぞ 자 (들어오세요)
[누군가의 집이나 방에서 나올 때] おじゃましました 실례했습니다	いいえ 아닙니다 (천만에요)
[사람을 기다리게 했을 때] 遅れてごめん　늦어서 미안 お待たせしました　오래 기다리셨습니다 お待たせしてすみません 기다리게 해서 죄송합니다	だいじょうぶ 괜찮아 いいえ 아닙니다 (괜찮습니다)
[오랫동안 만나지 못한 사람을 만났을 때] 久しぶり　오랜만이야 お久しぶりです　오랜만입니다 ご無沙汰しております 격조하였습니다	久しぶり　오랜만이야 お久しぶりです　오랜만입니다 こちらこそご無沙汰しております 저야말로 격조하였습니다
[신세를 진 사람과 헤어질 때] いろいろお世話になりました 여러 가지로 신세졌습니다	お元気で 건강하게 잘 지내
[거래처 사람에게 전화를 걸었을 때 / 만났을 때] いつもお世話になっております 늘 신세를 지고 있습니다	こちらこそお世話になっております 저야말로 신세를 지고 있습니다

2. 敬語(けいご) 경어

상대에 대한 경의를 표현하기 위해 사용하는 표현이다.

상대의 행위에는 존경어를 사용하고, 자신의 행위에는 겸양어를 사용한다.

尊敬語(そんけいご) (존경어) : 윗사람, 손님의 행위

예 リン：社長(しゃちょう)、コーヒー、<u>召(め)し上(あ)がりますか</u>。

（＝飲(の)みますか）

사장님, 커피 드시겠습니까?

社長(しゃちょう)：そうだね。飲(の)もうかな。

그럴까? (한 잔) 마실까?

謙譲語(けんじょうご) (겸양어) : 자신(아랫사람)의 행위

예 社長(しゃちょう)：リンさん、コーヒー持(も)ってきて。

린 씨, 커피 가지고 와 줘.

リン：あ、すぐお持(も)ちします。

（＝持(も)ってきます）

아, 네. 바로 가지고 오겠습니다.

존경어 : 주어는 윗사람

특별한 형태가 되는 동사

동사	존경어 です・ます형	존경어 〜てください	예문
行(い)く 가다 来(く)る 오다 いる 있다	いらっしゃいます 가십니다 오십니다 계십니다	いらっしゃって ください 가세요 오세요 계세요	明日(あす)、何時(なんじ)に会社(かいしゃ)に<u>いらっしゃいますか</u>。 내일 몇 시에 회사에 가십니까? こちらに<u>いらっしゃってください</u>。 이쪽으로 와 주세요.
行(い)く 가다 来(く)る 오다 いる 있다	おいでになります 가십니다 오십니다 계십니다	おいでください 가세요 오세요 계세요	ぜひまたうちへ<u>おいでください</u>。 （＝来(き)てください） 꼭 다시 우리 집에 와 주세요.

来る 오다	見えます 오십니다		先ほどこちらに見えました。 방금 전 여기에 오셨습니다.
言う 말하다	おっしゃいます 말씀하십니다	おっしゃってください 말씀해 주세요	何でもおっしゃってください。 무엇이든지 말씀해 주세요.
する 하다	なさいます 하십니다	なさってください 해 주세요	ゴルフをなさいますか。 골프를 치십니까?
食べる 먹다 飲む 마시다	召し上がります 드십니다	召し上がってください さい 드세요	何を召し上がりますか。 무엇을 드시겠습니까?
くれる (~てくれる) 주다 (~해 주다)	くださいます (~てください ます) 주십니다 (~해 주십니다)		部長がこれをくださいました。 부장님이 이것을 주셨습니다. 先生が教えてくださいました。 선생님이 가르쳐 주셨습니다.
見る 보다	ご覧になります 보십니다	ご覧ください／ ご覧になってください 봐 주세요 / 봐 주십시오	この映画をご覧になりましたか。 이 영화를 보셨습니까? ごゆっくりご覧ください／ ご覧になってください。 천천히 봐 주세요 / 봐 주십시오.
持つ 가지다 持っていく 가지고 가다 持ってくる 가지고 오다	お持ちになります 가지고 가십니다, 가지고 오십니다	お持ちください／ お持ちになってく ださい 가지고 가세요, 가지고 오세요 / 가지고 가십시오, 가지고 오십시오	パンフレットをお持ちください ／お持ちになってください。 팸플릿을 가지고 가세요. / 가지고 가십시오.
知っている 알고 있다	ご存じです 알고 계십니다		このことをご存じでしたか。 이 내용을 알고 계셨습니까?
知らない 모른다	ご存じではありま せん 모르십니다		このことをご存じではありま せんでしたか。 이 내용을 모르셨습니까?

おVますになります／ごNになります

동사	존경어 です・ます형	존경어 ～てください	예문
読_よむ (1그룹) 읽다	お読_よみになります 읽으십니다	お読_よみください／ お読_よみになってくだ さい 읽어 주세요 / 읽어 주십시오	この本_{ほん}をお読_よみになりまし たか。 이 책을 읽으셨습니까? 資料_{しりょう}をお読_よみください／ お読_よみになってください。 자료를 읽어 주세요 / 읽어 주십시오.
調_{しら}べる (2그룹) 조사하다 검토하다	お調_{しら}べになります 조사하십니다	お調_{しら}べください／ お調_{しら}べになってくだ さい 조사해 주세요 / 조사해 주십시오	図書館_{としょかん}でお調_{しら}べください／ お調_{しら}べになってください。 도서관에서 조사해 주세요 / 조사해 주십시오. 先生_{せんせい}がお調_{しら}べになりました。 선생님이 검토해 주셨습니다.
利用_{りよう}する (3그룹) 이용하다	ご利用_{りよう}になります 이용하십니다	ご利用_{りよう}ください 이용해 주세요	クレジットカードをご利用_{りよう} になる方_{かた}は、こちらのレジ でお願_{ねが}いします。 신용 카드를 이용하시는 분은 이 쪽 계산대를 이용해 주세요.

V（ら）れます (수동형과 활용 형태가 동일)

동사	존경어	예문
読_よむ　　(1그룹) 읽다	読_よまれます 읽으십니다	この本_{ほん}を読_よまれましたか。 이 책을 읽으셨습니까?
調_{しら}べる　　(2그룹) 조사하다, 검토하다	調_{しら}べられます 검토하십니다	社長_{しゃちょう}が調_{しら}べられました。 사장님이 검토하셨습니다.
利用_{りよう}する (3그룹) 이용하다	利用_{りよう}されます 이용하십니다	クレジットカードを利用_{りよう}されますか。 신용 카드를 이용하십니까?
来_くる　　(3그룹) 오다	来_こられます 오십니다	あとで社長_{しゃちょう}もこちらに来_こられます。 나중에 사장님도 이쪽으로 오십니다.

겸양어 Ⅰ : 주어는 자신(아랫사람)

특별한 형태가 되는 동사

동사	겸양어	예문
訪問する 방문하다 質問する 질문하다 聞く 듣다	伺います 찾아뵙니다 여쭙니다 듣습니다	明日、何時ごろお宅に伺ったらいいでしょうか。 （＝訪問したら） 내일 몇 시쯤 댁에 찾아뵈면 되겠습니까? (=방문하면) ちょっと伺いたいことがあるんですが……。 （＝質問したい） 잠시 여쭙고 싶은 것이 있는데요……. (=질문하고 싶은데요) 先生に貴重なお話を伺いました。 （＝聞きました） 선생님께 귀중한 이야기를 들었습니다. (=들었습니다)
言う 말하다	申し上げます 말씀드립니다	その話は、あとで社長に申し上げるつもりです。 그 이야기는 나중에 사장님께 말씀드릴 생각입니다.
会う 만나다	お目にかかります 만나 뵙니다	昨日、山田先生にお目にかかりました。 어제 야마다 선생님을 만나 뵈었습니다.
見る 보다	拝見します (삼가) 봅니다	お手紙、拝見しました。 편지, (삼가) 봤습니다.
もらう 받다 （～てもらう） (~해 주다)	いただきます 받습니다 （～ていただきます） (~해 주십니다)	先生に本をいただきました。（＝もらいました） 선생님께 책을 받았습니다. (=받았습니다) 先生に教えていただきました。 （＝～てもらいました） 선생님께 가르침을 받았습니다. (=~해 주셨습니다)
持っていく 가지고 가다 持ってくる 가지고 오다	お持ちします 가지고 갑니다 가지고 옵니다	先生のお部屋までこの荷物をお持ちします。 선생님 방까지 이 짐을 가져다 드리겠습니다. 今、お水をお持ちします。 지금 물을 가져다 드리겠습니다.
あげる 주다	さしあげます 드립니다	地図をさしあげますので、お使いください。 지도를 드릴 테니 사용해 주세요.

주요
표현

おＶますします／ごＮします

동사	겸양어	예문
待^まつ (1그룹) 기다리다	お待^まちします 기다리겠습니다	お待^まちしています。 기다리고 있겠습니다.
知^しらせる (2그룹) 알리다	お知^しらせします 알려 드리겠습니다	わかりましたら、お知^しらせします。 알게 되면, 알려 드리겠습니다.
連絡^{れんらく}する (3그룹) 연락하다	ご連絡^{れんらく}します 연락드리겠습니다	時間^{じかん}が決^きまりましたら、すぐご連絡^{れんらく}します。 시간이 결정 되면, 바로 연락드리겠습니다.

Ｖない（さ）せていただきます

동사	겸양어	예문
帰^{かえ}る (1그룹) (집에) 가다 돌아가(오)다	帰^{かえ}らせていただきます 집에 가겠습니다	今日^{きょう}は早^{はや}く帰^{かえ}らせていただきたいんですが……。 오늘은 일찍 집에 갔으면 하는데요…….
調^{しら}べる (2그룹) 조사하다 점검하다	調^{しら}べさせていただきます 점검하겠습니다	かばんの中^{なか}を調^{しら}べさせていただきます。 가방 안을 점검하겠습니다.
見学^{けんがく}する (3그룹) 견학하다	見学^{けんがく}させていただきます 견학하겠습니다	授業^{じゅぎょう}を見学^{けんがく}させていただけませんか。 수업을 견학하게 해 주시지 않겠습니까?

겸양어 Ⅱ (=정중어) : 격식을 갖춘 자리에서 사용되는 경어로, 주어는 사물도 된다.

동사	겸양어	예문
行<ruby>い</ruby>く 가다 来<ruby>く</ruby>る 오다	参<ruby>まい</ruby>ります 갑니다, 옵니다	まもなく電車<ruby>でんしゃ</ruby>が参<ruby>まい</ruby>ります。(＝来<ruby>き</ruby>ます) 이제 곧 전철이 옵니다.
言<ruby>い</ruby>う 말하다	申<ruby>もう</ruby>します 말씀드립니다	リンと申<ruby>もう</ruby>します。 린이라고 합니다.
いる 있다 ～ている ~고 있다	おります 있습니다 ～ております ~고 있습니다	明日<ruby>あす</ruby>は一日中<ruby>いちにちじゅう</ruby>うちにおります。 내일은 하루 종일 집에 있습니다. 今<ruby>いま</ruby>、東京<ruby>とうきょう</ruby>は雨<ruby>あめ</ruby>が降<ruby>ふ</ruby>っております。 지금 도쿄는 비가 내리고 있습니다.
する 하다	いたします 합니다	このバスは、まもなく発車<ruby>はっしゃ</ruby>いたします。 이 버스는 이제 곧 출발합니다.
飲<ruby>の</ruby>む 마시다 食<ruby>た</ruby>べる 먹다	いただきます 먹겠습니다 마시겠습니다	私<ruby>わたし</ruby>はコーヒーをいただきます。(＝飲<ruby>の</ruby>みます) 저는 커피를 마시겠습니다.
知<ruby>し</ruby>っている 알고 있다 知<ruby>し</ruby>らない 모른다	存<ruby>ぞん</ruby>じております 알고 있습니다 存<ruby>ぞん</ruby>じません 모릅니다	そのことは、よく存<ruby>ぞん</ruby>じております。 그 일은 잘 알고 있습니다. そのことは、存<ruby>ぞん</ruby>じません。 그 일은 모릅니다.

주요
표현

67

3. 話しことば　구어체

말이 짧아지거나 음이 바뀌거나 한다.

（1）〜てしまう／でしまう　　→　〜ちゃう／じゃう ～해 버리다

　　　〜てしまった／でしまった　→　〜ちゃった／じゃった ～해 버렸다

　예　遅れちゃうよ。急ごう。　늦어, 서두르자.

　　　財布、なくしちゃった。　지갑을 잃어버렸어.

　　　昨日、授業、休んじゃった。　어제, 수업 쉬었어(안 갔어).

（2）〜ては／ではいけない／だめだ　→　〜ちゃ／じゃいけない／だめだ ～하면 안 된다

　예　これ、熱いからさわっちゃだめだよ。　이거 뜨거우니까 만지면 안 돼.

　　　この川で泳いじゃいけないよ。　이 강에서 수영하면 안 돼.

　　　こんなに重くちゃ持てない。　이렇게 무거우면 들 수 없어.

（3）〜なければ／〜なくてはならない／いけない　～하지 않으면(안 된다)

　　　→　〜なきゃ／なくちゃ（ならない／いけない）

　예　もう帰らなきゃ／帰らなくちゃ。　이제 돌아가지 않으면 (안 된다), 돌아가야지.

（4）〜ている／〜でいる　→　〜てる／でる ～고 있다

　예　あそこに子どもが座ってる。　저기에 아이가 앉아 있어.

　　　公園で子どもが遊んでた。　공원에서 아이가 놀고 있었어.

　　　宿題、まだやってない。　숙제 아직 안 했어.

（5）〜ておく／〜でおく　→　〜とく／どく ～해 두다

　예　（あしたのパーティーのために）ジュース、買っとくね。　(내일 파티를 위해) 주스 사 둘게.

　　　（試験のために）この本、もう一度読んどく。　(시험을 위해) 이 책, 다시 한번 읽어 둬야지.

　　　ケーキ、作っといて。　케이크 만들어 놔.

　　　ビール、冷やしとこう。　맥주, 시원하게 해 두자.

　　　もうすぐみんな来るから、いすを並べとかない？
　　　이제 곧 모두 오니까 의자를 배열해 놓지 않을래?

（6）～ていく／～でいく　　　→　　～てく／でく ~고 가다

　　　　～ていった／～でいった　→　　～てった／でった ~고 갔다

　　　예　A：パーティーに何を着てくの？　B：ドレス着てく。
　　　　　　파티에 뭐 입고 갈 거야?　　　　　　　드레스 입고 갈 거야.

　　　　　A：冷たいものでも飲んでく？　　B：うん、飲んでく。
　　　　　　시원한 거라도 마시고 갈래?　　　　　응. 마시고 갈래.

　　　　アイス、買ってかない？ 아이스크림 사 가지 않을래?

　　　　何を持ってったの？ 뭐 가지고 갔었어?

（7）～という　→　～っていう ~라고 하다, ~라고 해

　　　何という　→　何て（いう）뭐라고 하는

　　　～と言っている／言っていた　→　～って ~라고 말하다 / 라고 말했었다 → ~래

　　　～（というの）は……　→　～って…… ~(라는 것)은…… → ~는, ~란 ……

　　　예　天丼っていう食べ物、知ってる？ 텐동이라는 음식 알아?

　　　　お父さんの会社、何て（いう）会社？ 아버님 회사, 이름이 뭐야?

　　　　お母さんが「早くしなさい」って。 엄마가 '빨리 해'라고 했어.

　　　　あしたは雨だって。 내일은 비가 온대.

　　　　SNSって何ですか。 SNS라는 게 뭐예요?

　　　　SNSって？ SNS가 뭐야?

　　　　26日って日曜日？ 26일이 일요일이야?

（8）～んですか　→　～の？ ~인 겁니까? → ~인 거야?

　　　～んです　→　～の ~인 겁니다 → ~인 거야

　　　예　どこへ行っていたんですか。　→　どこ行ってたの？
　　　　　어디에 갔던 거예요?　　　　　　　어디 갔던 거야?

　　　　今、忙しいんです。　　　→　今、忙しいの。
　　　　지금 바빠요.　　　　　　　　지금 바빠.

（9）音が「ん」に変わる 음이 「ん」으로 바뀐다

　　　예　いろいろな人がいるね。　→　いろんな人がいるね。
　　　　　여러 사람이 있네.　　　　　　여러 사람이 있네.

　　　　この問題、わからない。　→　この問題、わかんない。
　　　　이 문제, 모르겠어.　　　　　이 문제, 모르겠어.

　　　　何言ってるの？　　　　　→　何言ってんの？
　　　　뭐라는 거야?　　　　　　　뭐라는 거야?

（10）**ね・さ**

짧게 포즈가(멈춤이) 들어가는 곳이나 문장의 끝에 「ね」, 「さ」 등이 들어가며 의미는 없다.

例 　今日はね、カレーを作ろうと思ってるんだ。　오늘은 카레를 만들려고 해.

　　昨日、弟とさ、けんかしちゃったんだ。　어제 남동생이랑 싸웠어.

　　お金、貯めてるんだ。車がほしくてさ。　돈 모으고 있어. 차가 갖고 싶거든.

（11）**こ・そ・あ・ど** 이·그·저·어느

　＊こちら・そちら・あちら・どちら
　　　이쪽　　　그쪽　　　저쪽　　어느 쪽

　　→　こっち・そっち・あっち・どっち
　　　　　이쪽　　　그쪽　　　저쪽　　어느 쪽

　＊このような・そのような・あのような・どのような
　　　이러한　　　　그러한　　　　저러한　　　　어떠한

　　→　こんな・そんな・あんな・どんな
　　　　　이런　　　그런　　　저런　　　어떤

　＊このように・そのように・あのように・どのように
　　　이렇게　　　　그렇게　　　　저렇게　　　　어떻게

　　→　こう・そう・ああ・どう
　　　　　이렇게　그렇게　저렇게　어떻게

（12）**その他**

　＊ああ、そうか。　　　→　あ、そっか。
　　　아, 그렇구나.　　　　　아, 그렇구나.

　＊どこか行きたい。　　→　どっか行きたい。
　　　어딘가 가고 싶다.　　　어딘가 가고 싶다.

　＊やはりやめた。　　　→　やっぱりやめた。
　　　역시 그만뒀어.　　　　역시 그만뒀어.

　＊すごくおもしろい。　→　すっごくおもしろい。
　　　너무 재미있다.　　　　너무 재미있다.

　＊あまり好きじゃない。　→　あんまり好きじゃない。
　　　별로 안 좋아해.　　　　별로 안 좋아해.

　＊それはいいね／そうだ。　→　そりゃいいね／そうだ。
　　　그것참 좋네 / 그렇네.　　　그것참 좋네 / 그렇네.

　＊いいえ、違います。　→　いや、違う。
　　　아니요, 아닙니다.　　　아니, 아니야.

4. イントネーション 인토네이션

음의 상승과 하강, 길이 등에 의해 질문, 부정, 놀람 등의 기분을 표현한다. 인토네이션에 따라 의미가 바뀌는 것에 주의하자.

（1）〜んじゃない？ ~지 않아?　★ 말 끝이 올라간다.

「〜と思うけど、どう？ ~라고 생각하는데, 어때?」라는 의미 (자신의 생각을 상대에게 확인)

🔊096　これ、いいんじゃない？（これ、いいと思う）
이거 괜찮지 않아? (이거 괜찮다고 생각해)

これ、よくないんじゃない？（これ、よくないと思う）
이거 안 좋은 거 아니야? (이거 안 좋다고 생각해)

それ宿題なんじゃない？（それ、宿題だと思う）
그거 숙제 아니야? (그거 숙제라고 생각해)

それ宿題じゃないんじゃない？（それ、宿題じゃないと思う）
그거 숙제 아니지 않아? (그거 숙제가 아니라고 생각해)

あしたテストがあるんじゃない？（あした、テストがあると思う）
내일 시험이 있는 거 아니야? (내일 시험이 있을 거라고 생각해)

今日テストはないんじゃない？（今日テストはないと思う）
오늘 시험은 없는 거 아니야? (오늘 시험은 없을 거라고 생각해)

（2）〜じゃない

ａ．〜じゃない ~가 아니다/~지 않다　★「な」의 음이 올라간다.

な형용사 / 명사의 부정

🔊097　これ、私のじゃない。（私のではない。ほかの人のだ）
이거, 내 거 아니야. (내 것이 아니다. 다른 사람 것이다)

この店、静かじゃない。（静かではない。うるさい）
이 가게, 조용하지 않아. (조용하지 않다. 시끄럽다)

ｂ．〜じゃない ~잖아　★「な」의 음이 낮다. 문장 끝이 내려간다.

긍정 / 놀람

🔊098　あ、これ、私のじゃない。（あ、これ、私のだ）
아, 이거 내 거잖아. (아, 이거 내 거다)

この店、静かじゃない。（この店、思ったより静かで、驚いた）
이 가게, 조용하잖아. (이 가게, 생각보다 조용해서 놀랐다)

（3）いいよ／いいですよ

a. いいよ／いいですよ。 됐어 / 됐어요.　　★ 말끝이 내려간다.
「断り。しなくてもいい。 하지 않아도 괜찮아」라는 의미 (거절, 사양)

🔊099　A：荷物、持とうか。 짐 들어 줄까?
　　　　B：いいよ。大丈夫。 됐어. 괜찮아.

b. いいよ／いいですよ。 좋아 / 좋아요.　　★「よ」의 음이 조금 올라간다.
이해함. OK

🔊100　A：荷物、持ってくれる？ 짐 들어 줄래?
　　　　B：いいよ。 좋아.

（4）いいね／いいですね

a. いいね／いいですね。 괜찮네 / 괜찮네요.
좋다고 생각한다.

🔊101　このマンガ、いいね。気に入ったよ。 이 만화 괜찮네. 마음에 들어.

b. いいね？／いいですね？ 괜찮지? / 괜찮죠?
확인을 위한 질문

🔊102　A：この紙、捨てるよ。いいね？ 이 종이 버린다. 괜찮지?
　　　　B：あ、それ、捨てないで。大事なんだ。 아, 그거. 버리지 마. 중요한 거야.

（5）ちょっと

a．ちょっと 좀, 잠시
「少し 조금」이라는 의미

◀))103　ちょっと、いいですか。（少しの時間）
　　　　잠시 괜찮으세요? (잠깐의 시간)

b．ちょっと…… 좀, 조금……　　★「と」의 음이 길다.
　　　말하기 어려운 것을 확실하게 말하지 않는다.

◀))104　A：こちらの色は、いかがでしょうか。　이 색상은 어떠세요?
　　　　B：あ、この色は、ちょっと……。（好きじゃない）아, 이 색은, 좀……. (좋아하지 않는다)
　　　　→「말끝을 흐리는 표현」p.87

（6）～でしょう

a．～でしょう ~일 것입니다
　　「たぶん。(推量) 아마도(추측)」 (격식 차린 말투)

◀))105　あしたは雨が降るでしょう。　내일은 비가 내릴 것입니다.

b．～でしょう？ ~이지요?
　　「私はそう思うけど、あなたもそう思う？ 나는 그렇다고 생각하지만, 너도 그렇게 생각해?」
　　확인을 위한 질문 (캐주얼한 말투)

◀))106　A：宿題、あしたまででしょう？ 숙제 내일까지죠?
　　　　B：そうだよ。　그래.

더 캐주얼한 말투로「だろう？ ~이지?」도 있다.

◀))107　A：いいだろう？ 괜찮지?
　　　　B：うん、いいよ。　응. 괜찮아.

5. 順番 <small>じゅんばん</small> 순번, 차례

> まず／はじめに／最初に<small>さいしょ</small>／先に<small>さき</small>／今すぐ<small>いま</small>
> 우선　　　처음에　최초에(처음에)　먼저　　지금 바로

↓

> 次に<small>つぎ</small>／それから／そのあと（で）／その後<small>ご</small>／〜てから／で*
> 다음에　　그다음에　　　그 뒤에　　　　그 후　　〜고 나서　그리고
>
> その前に<small>まえ</small>／〜る前に<small>まえ</small>／それより先に<small>さき</small>
> 　그 전에　　　〜하기 전에　　　그 보다 먼저

↓

> 最後に<small>さいご</small>／ぜんぶ終わったら<small>お</small>
> 마지막으로　　　전부 끝나면

* 会話で使用된다.　　　野菜<small>やさい</small>を洗います<small>あら</small>。で、小さく<small>ちい</small>切ります<small>き</small>。
　회화에서 사용된다.　　　　채소를 씻습니다. 그리고 잘게 썹니다.

주의

〜はあとでいい　＝　〜は急がない<small>いそ</small>。あとでかまわない。
~는 나중에도 괜찮다　　　　　~는 급하지 않다. 나중에도 상관없다.

　コピーはあとでいいです。（＝ほかのことが終わって<small>お</small>からコピーをする）
　복사는 나중에 해도 됩니다. (＝다른 일을 끝내고 나서 복사를 한다)

〜はいい　＝　〜はしなくてもいい
~는 괜찮다(됐다)　　~는 하지 않아도 괜찮다

　コピーはいいよ。あとで、私<small>わたし</small>がやっておくから。
　복사는 됐어. 나중에 내가 해 둘 테니.

---

6. 依頼する <small>いらい</small> 의뢰하기

　A：ちょっと手伝って<small>てつだ</small>くれませんか。　좀 도와주시지 않겠습니까?

　B：いいですよ。／今<small>いま</small>、ちょっと……。　좋아요. / 지금은 좀…….

A 의뢰하기	B (떠)맡기/거절하기
～て。　~해. ～てくれない？／くれる？ ~해 주지 않을래? / ~해 줄래? ～てもらえない？／もらえる？ ~해 줄 수 없겠니? / ~해 줄 수 있어? ～てほしい（んだけど）。 ~해 주었으면 해 (~해 주었으면 하는데). ～てもらってもいい？　~해 줄래? ～てください。　~해 주세요. ～たいんですが……。　~하고 싶습니다만……. ～てくれませんか。／ますか。 ~해 주시지 않겠습니까? / ~해 주시겠습니까? ～てもらえませんか。／ますか。 ~해 주실 수 없겠습니까? / ~해 주실 수 있습니까? ～ていただけませんか。／ますか。 ~해 주실 수 없겠습니까? / ~해 주실 수 있습니까? ～てくださいませんか。／ますか。 ~해 주시지 않겠습니까? / ~해 주시겠습니까?	いいよ。　좋아. かまわないよ。　상관없어. いいですよ。　좋아요. かまいませんよ。　상관없어요. --- ちょっと……。　좀……. すみません、ちょっと……。 죄송합니다, 좀……. 今、～ているんです。　지금, ~고 있어요. 　예　今、使っているんです。 　　　지금 사용하고 있어요.

주의　借りる 빌리다・貸す 빌려주다

＊ 빌릴 때

貸してください。　빌려주세요.

（貸してくれない？／貸してくれる？／
　빌려주지 않을래?　　　빌려줄래?

貸してもらえない？／貸してもらえる？／
빌려줄 수 없겠니?　　　빌려줄 수 있어?

貸してほしいんだけど……。／貸していただけますか。 など）
빌려줬으면 하는데…….　　　　　　　빌려주실 수 있을까요? 등

借りてもいいですか。　빌려도 될까요?

（借りてもいい？／借りたいんですが……。／
　빌려도 돼?　　　　빌리고 싶습니다만…….

お借りできますか。／お借りしたいんですが……。 など）
빌릴 수 있을까요?　　　빌리고 싶습니다만……. 등

＊ 빌려줄 때

貸しましょうか。　빌려드릴까요?

（貸そうか。／貸してあげる。／お貸ししましょうか。 など）
　빌려줄까?　　빌려줄게.　　　　빌려드릴까요? 등

주요
표현

75

7. 許可を求める 허가 구하기

예 A : これ、使ってもいいですか。 이거, 사용해도 됩니까?

B : いいですよ。／すみません、ちょっと……。 좋아요(그럼요) / 죄송합니다. (그건) 좀…….

A 허가 구하기	B 허락/거절
～てもいい？ ~해도 돼?	いいよ。 좋아.
～てもかまわない？ ~해도 상관없어?	かまわないよ。 상관없어.
～てもいいですか。 ~해도 됩니까?	いいですよ。 좋아요.
～てもいいでしょうか。 ~해도 됩니까?	かまいませんよ。 상관없어요.
～てもよろしいでしょうか。 ~해도 괜찮겠습니까?	ええ、どうぞ。 그럼요, 자.
～てもかまいませんか。 ~해도 상관없습니까?	それは困るんだけど……。 그건 (좀) 곤란한데…….
～たいんですが……。 ~고 싶습니다만…….	いや、ちょっと……。 아니, (그건) 좀…….
～することができますか。 ~할 수 있습니까?	すみません、ちょっと……。 죄송합니다. (그건) 좀…….
～させてください。 ~하게 해 주세요.	それは困るんですけど……。 그건 (좀) 곤란합니다만…….
～させていただけませんか。 ~하게 해 주실 수 없겠습니까?	ご遠慮ください。 삼가 주세요.

8. 申し出る 자청하기

もうで

예 A：手伝いましょうか。 도와드릴까요?
てつだ

　　B：ありがとうございます。／いえ、いいです。 감사합니다. / 아니요, 괜찮습니다.

A 자청	B 수락/거절
〜（よ）うか。 ~할까? 〜ましょうか。 ~할까요? お〜しましょうか。 ~해 드릴까요?	ありがとうございます。 감사합니다. すみません。 고맙습니다. あ、お願いします。 아, 부탁드립니다. ねが
	ううん、いいよ。 아니, 괜찮아. いえ、いいです。 아니요, 됐어요. いえ、けっこうです。 아니요, 됐어요. いえ、だいじょうぶです。 아니요, 괜찮아요.

주요
표현

9. 誘う _{さそ} 권유하기

예 A：一緒に昼ご飯を食べませんか。 함께 점심을 먹지 않겠습니까?

B：ええ、いいですね。／あ、すみません。ちょっと……。
네, 좋아요. / 아, 죄송합니다. (그건) 좀…….

A 권유	B 수락/거절
（一緒に）〜（し）ない？ (함께) ~하지 않을래? （一緒に）〜（しよ）う（よ）。 (함께) ~하자. （ひまなら）一緒に〜する？ (한가하면) 함께 ~할래? （もしよかったら一緒に）〜ませんか。 (혹시, 괜찮다면 함께) ~하지 않을래요? （一緒に）〜ましょう。 (함께) ~합시다.	うん、いいね。〜（しよ）う。 응, 좋아. ~하자. ええ、いいですね。〜ましょう。 네, 좋아요. ~합시다. ええ、ぜひ。 네, 꼭이요. はい、ありがとうございます。 네, 감사합니다. ごめん、（今）ちょっと……。 미안, (지금은) 좀……. わるい、（今）だめなんだ。 미안, (지금은) 안 돼. すみません。ちょっと……。 미안해요. (그건) 좀……. 申し訳ありません。〜ので、また今度お願いします。 죄송합니다. ~하니, 다음에 다시 부탁드립니다. 申し訳ありません。〜ので、また次の機会に誘ってください。 죄송합니다. ~하니, 다음 기회에 또 초대해(불러) 주세요.

10. 必要／不必要 필요/불필요

예 A：名前を書かなければなりませんか。 이름을 쓰지 않으면 안 됩니까?

B：ええ、書いてください。／いいえ、書かなくてもいいです。
네, 써 주세요. / 아니요, 쓰지 않아도 괜찮습니다.

A	B
～なきゃならない？ ~하지 않으면 안 돼?	うん、そうして。 응, 그렇게 해.
～なくちゃいけない？ ~하지 않으면 안 돼?	～なきゃならない。 　　~하지 않으면 안 돼.
～なければなりませんか。 ~하지 않으면 안 됩니까?	～なくちゃいけない。 　　~하지 않으면 안 돼.
～なくてはいけませんか。 ~하지 않으면 안 됩니까?	ええ、～てください。 네, ~해 주세요.
～（する）必要がありますか。 ~(할) 필요가 있습니까?	～なければなりません。 　　~하지 않으면 안 됩니다.
	～なくてはいけません。 　　~하지 않으면 안 됩니다.
	～（する）必要があります。 　　~(할) 필요가 있습니다.
	ううん、～なくてもいい。 아니, ~하지 않아도 돼.
	いいえ、～なくてもいいです。 아니요, ~하지 않아도 괜찮습니다.
	～なくてもかまいません。 　　~하지 않아도 상관없습니다.
	～（する）必要はありません。 　　~(할) 필요는 없습니다.

주요
표현

11. アドバイス 조언, 충고

（1） 助言（じょげん） 조언

예 病院（びょういん）に行（い）ったほうがいいですよ。 병원에 가는 편이 좋아요.

無理（むり）しないほうがいいですよ。 무리하지 않는 편이 좋아요.

～たほうがいいよ。 ~하는 편이 좋아.

～たほうがいいんじゃない？ ~하는 편이 좋지 않아?

～たほうがいいですよ。 ~하는 편이 좋아요.

～たほうがいいと思（おも）います。 ~하는 편이 좋다고 생각합니다.

～たほうがいいんじゃないでしょうか。 ~하는 편이 좋지 않을까요?

- - - - - - - - - -

～ないほうがいいよ。 ~하지 않는 편이 좋아.

～ないほうがいいんじゃない？ ~하지 않는 편이 좋지 않아?

～ないほうがいいですよ。 ~하지 않는 편이 좋아요.

～ないほうがいいと思（おも）います。 ~하지 않는 편이 좋다고 생각합니다.

～ないほうがいいんじゃないでしょうか。 ~하지 않는 편이 좋지 않을까요?

（2） 提案（ていあん） 제안

예 先生（せんせい）に相談（そうだん）してみたら？ 선생님께 상의해 보면 (어때)?

～たら？ ~하면 (어때)?

～たらどう？ ~하면 어때?

～たらいいんじゃない？ ~하면 괜찮지 않아?

～たらどうですか／どうでしょうか。 ~하면 어떻습니까? / 어떨까요?

～たらいいんじゃないでしょうか。 ~하면 괜찮지 않을까요?

---

12. 謝る 사과하기

예 A：遅れてすみません。 늦어서 죄송합니다.

B：いいえ、気にしないでください。 아니에요, 신경 쓰지 마세요.

A 거절	B 수용
わるい。 미안.	ううん。／いいえ。 아니야. / 아니에요.
（〜て、）ごめん（ね）。 (~해서,) 미안해.	いいよ。／いいですよ。 괜찮아. / 괜찮아요.
（〜て、）ごめんなさい。 (~해서,) 미안합니다.	だいじょうぶ（です）。 괜찮아(괜찮습니다).
（〜て、）すみません（でした）。 (~해서,) 죄송합니다(죄송했습니다).	気にしないで（ください）。 신경 쓰지 마(신경 쓰지 마세요).
（〜て、）申し訳ありません（でした）。 (~해서,) 대단히 죄송합니다(죄송했습니다).	これからは気をつけてください。 앞으로는 주의해 주세요.

주요
표현

81

13. ほめる 칭찬하기

칭찬받을 경우, 부정하며 겸손하게 말하는 경우도 있지만, 상대가 친구일 경우 등에는 수긍하거나 감사 인사를 하기도 한다. 친구끼리 또는 윗사람이 아랫사람을 칭찬하는 경우가 많다.

예　A：Bさんの日本語、すごく上手ですね。 B 씨 일본어, 굉장히 잘하네요.

　　B：そんなことないですよ。 그렇지 않아요.

　　A：B君、そのかばんいいね。 B야, 그 가방 괜찮네.

　　B：いいだろう。バイト代ためて買ったんだ。 괜찮지? 아르바이트비 모아서 산 거야.

A 칭찬	B 대답
[스피치] よかったよ。／よかったですよ。 잘했어.　　　　　　잘했어요. すばらしかったです。 매우 훌륭했어요. とてもよくわかりました。 정말 잘 들었어요. [일본어] うまいね。 잘하네. お上手ですね。 잘하시네요. [일본어 발음] きれいですね。 (발음이) 깨끗하네요(좋네요). [소지품이나 옷] いいね／いいですね。 괜찮네　　　괜찮네요. すてきですね。 멋지네요. よくにあってるよ／にあってますね。 잘 어울려　　　　　잘 어울리시네요. かわいいね／かわいいですね。 귀엽네　　　귀엽네요.	いえいえ、そんな……。 아니야, 그렇지 않아……. いいえ、そんなことないです。 아니에요, 그렇지 않아요. いいえ、とんでもない。 아니에요, 당치도 않아요. いえ、ぜんぜん。 아니야, 전혀 그렇지 않아. いいえ、まだまだです。 아니에요, 아직 멀었어요. - - - - - - - - - - - - - - - - - ほんと？ ありがとう。 정말? 고마워. そうでしょう／◆ そうだろう。 그렇죠?　　　　　　그렇지? [소지품이나 옷] いいでしょう／◆ いいだろう。 괜찮죠?　　　　　괜찮지?

◆는 남자만 사용한다.

14. 命令する 명령하기

例 姉：お母さんが、もう暗くなるから、早く帰って来いって。
누나: 엄마가 이제 어두워지니까 빨리 집에 오래.

弟：え？ まだ遊びたいよ。
남동생: 어? 아직 놀고 싶어.

（1）동사 (명령형)

手を上げろ。(2그룹)　　金を出せ。(1그룹)
손들어.　　　　　　　　　돈 내놔.

早くしろ。(3그룹)　　　こっちへ持って来い。(3그룹)
빨리 해.　　　　　　　　이쪽으로 갖고 와.

（2）동사 ますなさい

早くおふろに入りなさい。(1그룹)　　早く寝なさい。(2그룹)
빨리 목욕해.　　　　　　　　　　　　빨리 자.

宿題をしなさい。(3그룹)　　　こっちへ来なさい。(3그룹)
숙제해.　　　　　　　　　　　이쪽으로 와.

15. 禁止<ruby>禁<rt>きん</rt></ruby><ruby>止<rt>し</rt></ruby>する 금지하기

예 A：ここは、<ruby>撮影禁止<rt>さつえいきんし</rt></ruby>ですよ。 여기는 촬영 금지입니다.

B：あ、すみません。 아, 죄송합니다.

동사 기본형＋な ~하지 마	あぶないから、<ruby>押<rt>お</rt></ruby>すな。 위험하니까 밀지 마.
동사 ない＋でください ~하지 마세요	<ruby>商品<rt>しょうひん</rt></ruby>にさわらないでください。 상품에 손대지 마세요.
동사 ない＋で ~하지 마	だれにも<ruby>言<rt>い</rt></ruby>わないで。 아무에게도 말하지 마.
~はだめだ ~은/는 안 된다	うそはだめだ。 거짓말은 안 돼. うそをついては、だめだ。 거짓말을 해서는 안 돼.
~はやめろ ~은/는 그만둬	けんかは、やめろ。 싸움은 그만둬. けんかするのは、やめろ。 싸움을 하는 것은 그만둬.
~はやめなさい ~은/는 그만둬	けんかはやめなさい。 싸움은 그만둬.
~はやめてください ~은/는 그만두세요	<ruby>危険<rt>きけん</rt></ruby>です。<ruby>後<rt>うし</rt></ruby>ろから<ruby>押<rt>お</rt></ruby>すのはやめてください。 위험합니다. 뒤에서 밀지 마세요.
~はおやめください ~은/는 그만두십시오	<ruby>駆<rt>か</rt></ruby>け<ruby>込<rt>こ</rt></ruby>み<ruby>乗車<rt>じょうしゃ</rt></ruby>はおやめください。 뛰어들기 승차는 (=지하철 다이빙은) 하지 마십시오.
~は<ruby>禁止<rt>きんし</rt></ruby>です ~은/는 금지입니다	<ruby>撮影<rt>さつえい</rt></ruby>は<ruby>禁止<rt>きんし</rt></ruby>です。 촬영은 금지입니다.
~はお<ruby>断<rt>ことわ</rt></ruby>りしております ~은/는 사절(금지)입니다	<ruby>写真撮影<rt>しゃしんさつえい</rt></ruby>はお<ruby>断<rt>ことわ</rt></ruby>りしております。 사진 촬영은 사절입니다.
~はご<ruby>遠慮<rt>えんりょ</rt></ruby>ください ~은/는 삼가 주세요	<ruby>写真撮影<rt>しゃしんさつえい</rt></ruby>はご<ruby>遠慮<rt>えんりょ</rt></ruby>ください。 사진 촬영은 삼가 주세요.
~はできないことになっております ~은/는 불가합니다	<ruby>写真撮影<rt>しゃしんさつえい</rt></ruby>はできないことになっております。 사진 촬영은 불가합니다.

16. ている／おく／ある ~어 있다/~해 두다/~어 있다

（1）자동사 + ています ~어 있습니다 (현재 상태 설명)

例 あ、ボタンがとれていますよ。（〜が とれる）
あ, 단추가 떨어졌어요.

パソコンが壊れています。（〜が 壊れる）
컴퓨터가 고장 났습니다.

人が並んでいます。（〜が 並ぶ）
사람들이 줄 서 있습니다.

さいふにお金が入っています。（〜が 入る）
지갑에 돈이 들어 있습니다.

道にお金が落ちています。（〜が 落ちる）
길에 돈이 떨어져 있습니다.

宿題が半分残っています。（〜が 残る）
숙제가 반 남았습니다.

映画が始まっています。（〜が 始まる）
영화가 시작되었습니다.

（2）타동사 + ておきます ~해 둡니다, ~해 두겠습니다 (준비를 위한 행동, 또는 방치)

例 A：会議の資料、３時までにコピーしておいてください。（〜を コピーする）[준비]
회의 자료, 3시까지 복사해 두세요.

B：わかりました。やっておきます。（〜を やる）[준비]
알겠습니다. 복사해 두겠습니다.

A：片づけましょうか。
정리할까요?

B：いえ、そのままにしておいてください。（〜を そのままにする）[방치]
아니에요. 그대로 놔두세요.

お皿を並べておきます。（〜を 並べる）
접시를 늘어놓겠습니다(세팅해 놓겠습니다).

エアコンをつけておきます。（〜を つける）
에어컨을 켜 두겠습니다.

ジュースを買っておきます。（〜を 買う）
주스를 사 두겠습니다.

料理を作っておきます。（〜を 作る）
요리를(음식을) 만들어 두겠습니다.

（3）**他動詞 + てあります** ~어 있습니다 (준비한 뒤의 상태 설명)

예 A：会議の資料もうコピーした？ 회의 자료 벌써 복사했어?

B：はい、し**てあります**。（～をする）네, 했습니다.

テーブルに食器が並べてあります。（～を並べる）
테이블에 식기가 진열되어 있습니다.

エアコンがつけてあります。（～をつける）
에어컨이 켜져 있습니다.

ビールが買ってあります。（～を買う）
맥주를 사 두었습니다.

冷蔵庫にビールが入れてあります。（～を入れる）
냉장고에 맥주가 들어 있습니다.

ノートに名前が書いてあります。（～を書く）
노트에 이름이 적혀 있습니다.

引き出しにハサミがしまってあります。（～をしまう）
서랍에 가위가 들어 있습니다.

---

17. 引用 인용

누군가가 말한 것을 다른 사람에게 전달하는 표현

예 あしたテストがある<u>そうです</u>。 내일 시험이 있다고 합니다.

～って ~래	アンさん、今日来られない<u>って</u>。さっき、メールが来た。 안 씨는 오늘 못 온대. 아까 메일이(문자가) 왔어.
～って言ってました ~라고 했습니다	天気予報で、あしたは晴れる<u>って言ってました</u>。 일기 예보에서 내일은 맑을 거라고 했습니다.
～そうです ~라고 합니다	山田さん、遅れる<u>そうです</u>。 야마다 씨, 늦는다고 합니다.
～らしいです ~라고 합니다	駅前に新しいレストランができる<u>らしいです</u>よ。 역 앞에 새로운 레스토랑이 생길 거라고 해요.
～とのことです ~라고 합니다	さっき、社長からお電話がありました。あしたの午後の飛行機で、アメリカから帰られる<u>とのことです</u>。 조금 전 사장님께 전화가 왔습니다. 내일 오후 비행기로 미국에서 돌아오신다고 합니다.
～ということです ~라는 것입니다	この店は、とても人気がある<u>ということです</u>。 이 가게는 매우 인기가 있다고 합니다.

18. 最後まで言わない言い方 말끝을 흐리는 표현

일본어에서는 문장을 도중까지만 말하는 경우가 많다. 나중에 무엇이 이어질지는 전후 관계에서 알 수 있다.

예　これ、使いたいんですけど……。（いいですか。）이거, 사용하고 싶습니다만……. (사용해도 됩니까?)

電車が遅れて……。（遅刻しました。）
전철이 늦어서……. (지각했습니다.)

トイレに行きたいんですけど……。／行きたいんですが……。（どこにありますか。）
화장실에 가고 싶습니다만……. / 가고 싶습니다만……. (어디에 있습니까?)

ヘッドホンの音が聞こえるんですけど……。／聞こえるんですが……。（音を小さくし

てください。）
헤드폰의 소리가 들립니다만……. / 들립니다만……. (소리를 줄여 주세요.)

これでいいと思うけど……。（あなたはどう思いますか。）
이걸로 괜찮다고 생각하지만……. (당신은 어떻게 생각합니까?)

せっかく指定券を買ったのに……。（無駄にするのはもったいないと思います。）
애써 지정권(지정석)을 샀는데……. (쓰지 않는 것은 아깝다고 생각합니다.)

あしたはちょっと……。（都合が悪いです。）
내일은 좀……. (사정이 있습니다.)

さしみはちょっと……。（食べられません。）
회는 좀……. (먹지 못합니다.)

5時までに帰らないと……。（いけないんです。）
5시까지 집에 가지 않으면……. (안 됩니다.)

テニスは好きだけど、サッカーは……。（好きじゃありません。）
테니스는 좋아하지만, 축구는……. (좋아하지 않습니다.)

주요
표현

87

19. 前置き 서론

이야기가 시작되기 전에 사용되는 표현이다.

예　A：すみません。ちょっといいですか。　실례합니다. 잠시 괜찮으십니까?
　　B：はい、何でしょうか。　네. 무슨 일이십니까?

（1）가르쳐 주었으면 하는 일이 있을 때

ちょっと教えてほしいんだけど……。　좀 가르쳐 주었으면 하는데요…….

ちょっと教えていただきたいんですが……。　좀 가르쳐 주셨으면 합니다만…….

ちょっと伺いたいんですが……。　잠시 여쭙고 싶습니다만…….

（2）부탁하고 싶은 일이 있을 때

あのう、お願いがあるんだけど……。　저기, 부탁이 있는데…….

あのう、頼みたいことがあるんだけど……。　저기, 부탁하고 싶은 게 있는데…….

あのう、お願いしたいことがあるんですが……。　저, 부탁드리고 싶은 게 있습니다만…….

（3）말하고 싶은 것이 있을 때

ねえ、ちょっといい？
저기, 잠시 괜찮아?
ちょっと話したい事があるんだけど……。
잠시 말하고 싶은 것이 있는데…….
今、ちょっとよろしいでしょうか。
지금, 잠시 괜찮으세요?
ちょっとお話ししたいことがあるんですが、今よろしいでしょうか。
잠시 드릴 말씀이 있습니다만, 지금 괜찮으세요?

（4）~에 대해서 말하고 싶을 때

〜のことなんですが、〜。　~에 관한 것인데요, ~.

〜の件ですが、〜。　~(의) 건인데요, ~.

20. 次に何が来るか予測できる表現 다음에 무엇이 올지 예측 가능한 표현

（1）**実は** 실은: 지금까지 말하지 못한 것을 처음으로 말할 때나 중요한 것을 말할 때 사용한다.

> 예 あしたの発表のことなんですが、<u>実は</u>、風邪をひいて大きい声が出ないので、来週にしていただけませんか。
>
> 내일 발표에 관한 것입니다만, 실은 감기에 걸려서 목소리가 크게 나오지 않으니 다음 주로 미뤄 주실 수 없겠습니까?

（2）**それが** 그게, 그것이: 예상과 다른 일이 일어났을 때 사용한다.

> 예 A：あしたの発表、大丈夫ですね？
>
> 내일 발표, 괜찮은 거죠?
>
> B：<u>それが</u>…、風邪をひいてしまって、大きい声が出ないんです。来週にしていただけませんか。
>
> 그게… 감기에 걸려서 목소리가 크게 나오지 않아요. 다음 주로 미뤄 주실 수 없겠습니까?

（3）**やっぱり（やはり）** 역시: 생각한 대로, 다른 것과 똑같이

> 예 山田さんはいつも遅刻する。今日も<u>やはり</u>遅れてきた。
>
> 야마다 씨는 늘 지각한다. 오늘도 역시 늦게 왔다.

※「やっぱり（やはり）」는 전에 말한 것이나 의견을 바꿀 때에도 자주 사용한다.

> 예 A：映画いつ行く？ あしたの午後は？
>
> 영화(관) 언제 갈까? 내일 오후는 (어때)?
>
> B：うーん、週末のほうがいい。次の日、授業があるとゆっくりできないから……。
>
> 음… 주말이 더 나아. 다음 날, 수업이 있으면 여유 있게 있을 수 없으니까…….
>
> A：そう。いいよ。じゃ、土曜日にしよう。
>
> 그래? 좋아. 그럼, 토요일로 하자.
>
> B：あ、<u>やっぱり</u>、あしたのほうがいい。来週の月曜日、発表があるの忘れてた。週末にやらなきゃ。
>
> 아, 역시 내일이 더 낫겠다. 다음 주 월요일, 발표가 있는 거 깜박했어. 주말에 해야 돼.

주요
표현

각 회의 삽화

1회   さっぽろ雪まつり （北海道）
         삿포로 눈 축제   홋카이도

2회   ばんえい競馬 （北海道）
         반에이 경마   홋카이도

3회   牧場 （北海道）
         목장   홋카이도

4회   りんご （青森県）
         사과   아오모리현

5회   青森ねぶた祭 （青森県）
         아오모리 네부타 축제   아오모리현
         (도호쿠 3대 축제)

6회   わんこそば （岩手県）
         왕코소바   이와테현
         (작은 그릇의 메밀국수)

7회   きりたんぽ （秋田県）
         기리탄포(쌀로 만든 요리)   아키타현

8회   なまはげ （秋田県）
         나마하게(도깨비)   아키타현

9회   伊達政宗 （宮城県）
         다테 마사무네   미야기현

10회   仙台七夕まつり （宮城県）
         센다이 칠월칠석 축제   미야기현

11회   将棋の駒 （山形県）
         장기짝   야마가타현

12회   赤べこ （福島県）
         아카베코(빨간 소 인형)   후쿠시마현

저자

中村 則子（なかむら　のりこ）나카무라 노리코
　　　早稲田大学、慶応義塾大学　非常勤講師
　　　와세다 대학, 게이오기주쿠대학 비상근 강사

田代 ひとみ（たしろ　ひとみ）다시로 히토미
　　　東京外国語大学　非常勤講師、明治大学　兼任講師
　　　도쿄외국어대학 비상근 강사, 메이지대학 겸임 강사

初鹿野 阿れ（はじかの　あれ）하지카노 아레
　　　名古屋大学　特任教授
　　　나고야대학 특임 교수

大木 理恵（おおき　りえ）오키 리에
　　　東京外国語大学、電気通信大学　非常勤講師、明治大学　兼任講師
　　　도쿄 외국어대학, 덴키쓰신대학 비상근 강사, 메이지대학 겸임 강사

삽화

広野りお 히로노리오

번역

정효선 (시사일본어학원 강사)

초판인쇄	2023년 5월 10일
초판발행	2023년 5월 20일
저자	中村則子, 田代ひとみ, 初鹿野阿れ, 大木理恵
편집	조은형, 김성은, 오은정, 무라야마 토시오
펴낸이	엄태상
디자인	이건화
조판	이서영
콘텐츠 제작	김선웅, 장형진
마케팅본부	이승욱, 왕성석, 노원준, 조성민, 이선민
경영기획	조성근, 최성훈, 김다미, 최수진, 오희연
물류	정종진, 윤덕현, 신승진, 구윤주
펴낸곳	시사일본어사(시사북스)
주소	서울시 종로구 자하문로 300 시사빌딩
주문 및 문의	1588-1582
팩스	0502-989-9592
홈페이지	www.sisabooks.com
이메일	book_japanese@sisadream.com
등록일자	1977년 12월 24일
등록번호	제 300-2014-92호

JLPT Chokai N3 Pointo & Purakutisu
©2020 by NAKAMURA Noriko, TASHIRO Hitomi, HAJIKANO Are and OOKI Rie
PUBLISHED WITH KIND PERMISSION OF 3A CORPORATION, TOKYO, JAPAN

ISBN 978-89-402-9359-1(14730)
       978-89-402-9355-3(set)

문제 유형별 핵심 포인트 총정리

시사
JLPT
일본어능력시험

합격 시그널

저자 中村則子, 田代ひとみ, 初鹿野阿れ, 大木理恵

N3 청해

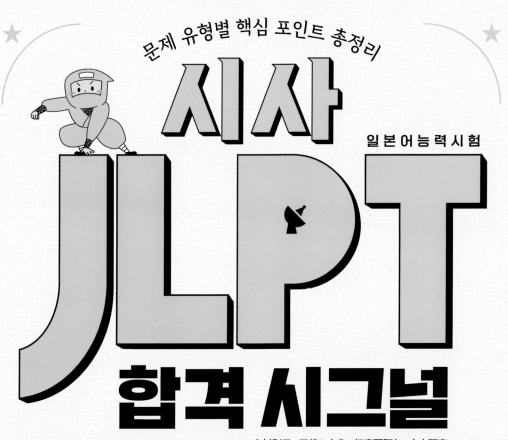

스크립트 / 정답 및 해설

시사일본어사

문제 유형별 핵심 포인트 총정리

시사
JLPT
일본어능력시험

합격 시그널

저자 中村則子, 田代ひとみ, 初鹿野阿れ, 大木理恵

N3 청해

스크립트 / 정답 및 해설

시사일본어사

1ばん　정답　3

17p

スクリプト　🔊003

女の人がカルチャーセンターの受付の人と話しています。女の人はこれからどうしますか。

女：あのう、この健康体操のクラスについて、お聞きしたいんですが。

男：はい、毎週土曜日の3時から1時間のクラスです。ご興味があれば、体験レッスンと言うのがあって、1回無料でクラスを受けられます。クラスにお入りになるかどうかは、そのあとで、決めていただいてけっこうです。

女：ああ、そうですか。今日は準備していないので、ちょっと……。

男：あと、クラスを見ることもできるんです。そこでどんなことをするのかとか、どんな方が来ているのかとか、そういった様子が見られますよ。ちょうどこれから始まるクラスがありますから、もしお時間があれば見てみませんか。

女：あ、今日は3時半になったら、帰らなければなりませんので。

男：あ、いえ、途中でお帰りになってもかまいませんが。

女：そうですか。じゃあ、ちょっといいでしょうか。

女の人はこれからどうしますか。

여자가 문화 센터의 접수처 직원과 이야기하고 있습니다. 여자는 앞으로 어떻게 합니까?

여: 저기, 이 건강 체조 클래스에 대해서 여쭤보고 싶은데요.

남: 네, 매주 토요일 3시부터 하는 한 시간 클래스입니다. 관심이 있으시면, 체험 레슨이라는 것이 있는데 1회 무료로 받을 수 있습니다. 클래스에 들어가실지 어떨지는 그 후에 결정해 주셔도 괜찮습니다.

여: 아, 그렇습니까? 오늘은 준비가 되지 않아서 좀…….

남: 그럼 클래스를 보는 것도 가능합니다. 거기에서 어떤 것을 하는지, 어떤 분들이 오고 있는지 같은, 그런 상황을 볼 수 있어요. 마침 지금부터 시작되는 클래스가 있으니 만약 시간이 있으시면 구경해 보시지 않겠습니까?

여: 아, 오늘은 3시 반이 되면 집에 가야 해서요.

남: 아, 아니요, 도중에 가셔도 상관없습니다.

여: 그렇습니까. 그럼 잠시 (구경해도) 괜찮을까요?

여자는 앞으로 어떻게 합니까?

「ちょっといいでしょうか」は「少しだけ見てもいいですか」という意味。女の人は3時半になったら帰らなければいけないが、受付の人は「途中でお帰りになってもかまいません」と言っている。

1 これから見学をするので、まだ帰らない。
2 女の人は今日はクラスを受ける準備をしていないと言っている。
4 クラスに入ることはまだ決めていない。

'잠시 괜찮습니까?'는 '조금만 봐도 괜찮습니까?'라는 의미이다. 여자는 3시 반이 되면 집에 가야 하는데, 접수처 사람은 '도중에 집에 가셔도 상관없습니다'라고 말하고 있다. → 「경어(존경어)」 62p 「허가 구하기」 76p

1 지금부터 견학을 할 거라서 아직 집에 가지 않는다.
2 여자는 오늘은 수업을 받을 준비를 하지 않았다고 말하고 있다.
4 클래스에 들어가는 것은 아직 결정하지 않았다.

2ばん　정답　2　17p

스크립트　🔊 004

大学の研究室で男の後輩と女の先輩が歓迎会の準備について話しています。男の後輩は今日、何をしなければなりませんか。

男：あしたの歓迎会の準備、今日中にやっておいたほうがいいこと、まだありますか。

女：えーと、すしとピザは、もう食堂に注文してくれたんだよね。

男：はい、もう先週。

女：料理は、あした、1時間前に取りに行ってね。紙皿もつけてくれるんだったよね？

男：あ、お箸はついてますけど、お皿は何も言ってなかったかな。

女：ああ、じゃあ紙皿、今日買っといてくれる？ それから、飲み物も買わなきゃね。あ、でも、あした買ったほうがいいか。冷蔵庫に入らないし。じゃあ、今日はそれだけお願い。

男：はい。わかりました。

女：あ、ちょっと待って。今、メールが来た。山田さん、あした、来られなくなったって。悪いけど、食堂に電話して、料理の数、変えといて。あしたになると、キャンセル料がかかっちゃうの。

男：はい。

男の後輩は今日、何をしなければなりませんか。

대학의 연구실에서 남자 후배와 여자 선배가 환영회 준비에 대해서 이야기하고 있습니다. 남자 후배는 오늘 무엇을 해야 합니까?

남: 내일 환영회 준비, 오늘 중으로 미리 해 두는 편이 좋은 것, 더 있습니까?

여: 음… 초밥과 피자는 식당에 이미 주문해 줬지?

남: 네, 이미 지난주에.

여: 요리는 내일 한 시간 전에 가지러 가 줘. 종이 접시도 같이 준다고 했었지?

남: 아, 젓가락은 같이 주지만, 접시는 아무 말도 안 했던 것 같은데……

여: 아, 그럼 종이 접시, 오늘 미리 사 둘래? 그다음에, 음료수도 사야지. 아, 아니 내일 사는 편이 좋을까? 냉장고에 안 들어가니까. 그럼 오늘은 그것만 부탁할게.

남: 네. 알겠습니다.

여: 아, 잠깐만. 지금 메일이(문자가) 왔어. 야마다 씨, 내일 못 오게 됐대. 미안하지만, 식당에 전화해서 요리 개수, 바꿔 놔 줘. 내일이면 취소 수수료가 들어.

남: 네.

남자 후배는 오늘 무엇을 해야 합니까?

해설

飲(の)み物(もの)はあした、紙皿(かみざら)は今日(きょう)買(か)う。今日(きょう)、食堂(しょくどう)に電話(でんわ)して、料理(りょうり)の数(かず)を変(か)えなければならない。「買(か)っといて」は「買(か)っておいて」、「変(か)えといて」は「変(か)えておいて」、「買(か)わなきゃ」は「買(か)わなければならない」の話(はな)しことば。「～て」、「～てくれる?」は依頼表現(いらいひょうげん)。

음료수는 내일, 종이 접시는 오늘 산다. 오늘 식당에 전화해서 요리 개수를 바꿔야 한다. 「買(か)っといて」는 「買(か)っておいて 사 둬」, 「変(か)えといて」는 「変(か)えておいて 바꿔 놔 줘」, 「買(か)わなきゃ」는 「買(か)わなければないらない 사지 않으면 안 된다」의 구어체 표현이다. 「～て」, 「～てくれる?」는 의뢰 표현이다.

→「구어체」 68p 「의뢰하기」 74p 「~어 있다/~해 두다/~어 있다」 85p

3ばん　　정답　2

17p

스크립트　🔊005

男(おとこ)の学生(がくせい)と女(おんな)の学生(がくせい)が旅行(りょこう)について話(はな)しています。女(おんな)の学生(がくせい)はあした何時(なんじ)に駅(えき)に行(い)きますか。

男(おとこ): あしたから旅行(りょこう)だよね。朝(あさ)早(はや)いの?

女(おんな): ううん、11時(じ)の新幹線(しんかんせん)なんだ。何時(なんじ)に駅(えき)に行(い)けばいいかなあ。

男(おとこ): 15分(ふん)ぐらい前(まえ)でいいよ。駅(えき)に行(い)ったら、新幹線(しんかんせん)に乗(の)るだけだよね。

女(おんな): うーん、お弁当(べんとう)買(か)いたいから、1時間(じかんまえ)前かなあ。店(みせ)が混(こ)んでいるかもしれないし。新幹線(しんかんせん)に乗(の)れなかったら困(こま)るよ。

男：いやあ、30分前でいいんじゃない？前に行った時は、そんなに混んでなくて、すぐ買えたよ。

女：そっか。じゃ、そうする。

女の学生はあした何時に駅に行きますか。

남학생과 여학생이 여행에 대해서 이야기하고 있습니다. 여학생은 내일 몇 시에 역에 갑니까?

남: 내일부터 여행 가지? 아침 일찍 가니?

여: 아니, 11시 신칸센 탈 거야. 몇 시에 역에 가면 좋을까?

남: 15분 정도 전이면 돼. 역에 가면 신칸센을 타는 것뿐이잖아.

여: 음… 도시락 사고 싶으니까 한 시간 전이 좋을까? 가게가 붐빌지도 모르니까. 신칸센을 못 타면 곤란해.

남: 아니, 30분 전이면 괜찮지 않을까? 전에 갔을 때는 그렇게 붐비지 않아서 바로 살 수 있었어.

여: 그래? 그럼 그렇게 할게.

여학생은 내일 몇 시에 역에 갑니까?

해설

新幹線が出る時間は11時。「30分前でいいんじゃない？」は「30分前でいいと思う」という意味。女の人も「そうする」と賛成したので、10時半に駅に行く。

신칸센이 출발하는 시간은 11시. '30분 전이면 괜찮지 않을까?'는 '30분 전이면 괜찮다고 생각한다'는 의미이다. 여자도 '그렇게 할게'라고 찬성했으므로 10시 30분에 역으로 간다. →「인토네이션(1)」71p

1 ばん　　정답　3

20p

スクリプト　🔊008

コンサートに行きました。自分の席にほかの人が座っています。何と言いますか。

女：1　すみません、ここは私の席じゃありませんね。

2　すみません、この席にお座りになりませんか。

3　すみません、ここ、私の席だと思うんですけど。

콘서트에 갔습니다. 자신의 자리에 다른 사람이 앉아 있습니다. 뭐라고 말합니까?

여: 1 죄송합니다. 여기는 제 자리가 아니네요.

2 저기, 이 자리에 앉으시지 않겠습니까?

3 저기, 여기 제 자리인 것 같은데요.

解説

1　ここが自分の席ではないと気づいた時に言う。

2　相手に席を譲る時に言う。

→「말끝을 흐리는 표현」87p

1 여기가 자신의 자리가 아니라고 깨달았을 때 말한다.

2 상대에게 자리를 양보할 때 말한다.

→「경어(존경어)」62p

2 ばん　　정답　1

20p

スクリプト　🔊009

値段が高いです。お店の人に何と言いますか。

女：1　値段、これ以上下がりませんか。

2　安くなければ、買いたいんですけど。

3　もう少し安くしましょうか。

가격이 비쌉니다. 점원에게 뭐라고 말합니까?

여: 1 가격, 이 이상 내려가지 않나요? (좀 더 내려 주지 않겠습니까?)

2 싸지 않으면 사고 싶은데요.

3 조금 더 싸게 해 드릴까요?

2 「高<ruby>高<rt>たか</rt></ruby>ければ、<ruby>買<rt>か</rt></ruby>いたい」という<ruby>意味<rt>いみ</rt></ruby>。

3 <ruby>自分<rt>じぶん</rt></ruby>が<ruby>値段<rt>ねだん</rt></ruby>を<ruby>安<rt>やす</rt></ruby>くするときに<ruby>言<rt>い</rt></ruby>う。

2 '비싸면 사고 싶다'라는 의미이다.

3 자신이 가격을 싸게 할 때 말한다.

→「자청하기」 77p

3ばん　정답　1 21p

스크립트　🔊 010

<ruby>友達<rt>ともだち</rt></ruby>の<ruby>住所<rt>じゅうしょ</rt></ruby>を<ruby>聞<rt>き</rt></ruby>きたいです。<ruby>友達<rt>ともだち</rt></ruby>に<ruby>何<rt>なん</rt></ruby>と<ruby>言<rt>い</rt></ruby>いますか。

<ruby>女<rt>おんな</rt></ruby>：1　<ruby>住所<rt>じゅうしょ</rt></ruby>を<ruby>教<rt>おし</rt></ruby>えてもらえる？

　　　2　<ruby>住所<rt>じゅうしょ</rt></ruby>を<ruby>聞<rt>き</rt></ruby>いてもらってもいい？

　　　3　<ruby>住所<rt>じゅうしょ</rt></ruby>を<ruby>聞<rt>き</rt></ruby>いてくれない？

친구의 주소를 묻고 싶습니다. 친구에게 뭐라고 말합니까?

여: 1 주소를 가르쳐 줄 수 있어?

　　2 주소를 물어봐 줄 수 있어?

　　3 주소 물어봐 주지 않을래?

2・3　<ruby>友達<rt>ともだち</rt></ruby>にだれかほかの<ruby>人<rt>ひと</rt></ruby>の<ruby>住所<rt>じゅうしょ</rt></ruby>を<ruby>聞<rt>き</rt></ruby>いてほしい<ruby>時<rt>とき</rt></ruby>に<ruby>言<rt>い</rt></ruby>う。

→「의뢰하기」 74p

2・3 친구에게 누군가 다른 사람의 주소를 물어 봐 주기를 바랄 때 말한다.

4ばん　정답　2 21p

스크립트　🔊 012

ホストファミリーのお<ruby>母<rt>かあ</rt></ruby>さんからホワンさんの<ruby>留守番電話<rt>るすばんでんわ</rt></ruby>にメッセージが<ruby>入<rt>はい</rt></ruby>っていました。ホワンさんはまず<ruby>何<rt>なに</rt></ruby>をしなければなりませんか。

<ruby>女<rt>おんな</rt></ruby>：もしもし、ホワンさんですか。<ruby>坂田<rt>さかた</rt></ruby>です。<ruby>今朝<rt>けさ</rt></ruby>は、ゴミ<ruby>出<rt>だ</rt></ruby>してくれて、ありがとう。

　　　あのう、<ruby>来週<rt>らいしゅう</rt></ruby>の<ruby>土曜<rt>どよう</rt></ruby>にリンさんがうちに<ruby>遊<rt>あそ</rt></ruby>びに<ruby>来<rt>き</rt></ruby>ますよね。<ruby>娘<rt>むすめ</rt></ruby>もぜひ<ruby>会<rt>あ</rt></ruby>いたいと

言っています。でも、娘は土曜日仕事なので、できれば日曜日に変えてもらいたいんだけど……。ホワンさんはその日、暇だって言ってましたよね。リンさんの都合を聞いて、教えてもらえますか。できるだけ早く返事がもらえるとうれしいです。じゃ、お願いします。

ホワンさんはまず何をしなければなりませんか。

호스트 패밀리(홈스테이 가정)의 어머니로부터 호왕 씨의 자동 응답기에 메시지가 들어왔습니다. 호왕 씨는 우선 무엇을 해야 합니까?

여: 여보세요, 호왕 씨세요? 사카타입니다. 오늘 아침에는 쓰레기를 버려 줘서 고마워요. 저기, 다음 주 토요일에 린 씨가 우리 집에 놀러 오잖아요. 딸도 꼭 만나고 싶다고 해요. 그런데, 딸은 토요일에 일을 해야 하니, 가능하면 일요일로 바꿔 줬으면 하는데……. 호왕 씨는 그 날 한가하다고 했죠? 린 씨의 상황을 물어본 뒤 가르쳐 줄래요? 되도록 빨리 답신을 해 주면 좋겠어요. 그럼 부탁할게요.

호왕 씨는 우선 무엇을 해야 합니까?

해설

坂田さんの娘がリンさんに会いたがっていて、「土曜日仕事なので、できれば日曜日」と言っている。ホワンさんははじめに、リンさんに日曜日の都合を聞かなければならない。そのあとで、坂田さんに連絡する。

사카타 씨의 딸이 린 씨를 만나고 싶어 해서 '토요일 일을 해야 하니 가능하면 일요일'이라고 말하고 있다. 호왕 씨는 먼저 린 씨에게 일요일의 상황을 물어봐야 한다. 그 뒤에 사카타 씨에게 연락한다.
→「의뢰하기」 74p

5ばん　　정답　2

21p

스크립트　🔊 013

学生と先生が話しています。学生は夏休みに何をしなければなりませんか。

男：先生、夏休みの宿題を教えてください。
女：はい。まず、テキスト5ページにある問題1番と、3番、4番の問題をしてください。答えは今から配る紙に書いて出してください。それから、夏休みに何をしたかについて作文を書いてください。

男：作文は何枚ですか。

女：作文用の紙で、2枚書いてください。

男：えー。きびしいなあ。夏休み、どこにも行かないのに。1枚でもいいですか。

女：短いものは受け取りませんよ。

男：はーい。あ、先生、テキストの2番の問題は？

女：え？ ああ、それはもうやったでしょう？

男：そうだったかなあ。

女：はい。じゃあ、いいですね。夏休みが終わるまでに、ちゃんとやってくださいね。

学生は夏休みに何をしなければなりませんか。

학생과 선생님이 이야기하고 있습니다. 학생은 여름 방학에 무엇을 해야 합니까?

남: 선생님, 여름 방학 숙제를 알려 주세요.

여: 네. 우선, 교재 5페이지에 있는 문제 1번과 3번, 4번 문제를 풀어 주세요. 답은 지금부터 나누어 주는 종이에 써서 제출해 주세요. 그런 다음, 여름 방학에 무엇을 했는지에 대해 작문을 써 주세요.

남: 작문은 몇 장입니까?

여: 작문용 종이로 두 장 써 주세요.

남: 와, 어렵네요. 여름 방학에 어디에도 안 가는데. 한 장이라도 괜찮나요?

여: 짧은 것은 받지 않을 거예요.

남: 네… 아, 선생님 교재 2번 문제는요?

여: 네? 아, 그건 이미 풀었잖아요.

남: 그랬었나요?

여: 네. 그럼, 됐죠? 여름 방학이 끝날 때까지 제대로 해 주세요.

학생은 여름 방학에 무엇을 해야 합니까?

해설

先生は、「テキスト5ページにある問題1番と、3番、4番の問題をしてください」と言った。さらに、作文は「2枚書いてください」と言っている。テキストの問題の2番はもうやったので、宿題ではない。「やったでしょう？」は「やりましたね」と確認する表現。

선생님은 '교재 5페이지에 있는 문제 1번과 3번, 4번 문제를 풀어 주세요'라고 말했다. 거기에다가 작문은 '두 장 써 주세요'라고 말하고 있다. 교재의 문제 2번은 이미 풀었기 때문에 숙제가 아니다. 「やったでしょう？ 한 거죠?」는 「やりましたね 했죠」라고 확인하는 표현이다. → 「인토네이션(6)」 73p

1ばん　정답 3

25p

스크립트　🔊 016

男の人が初めて来た図書館のカウンターで、女の人と話しています。男の人は「勤務先」のところに何を書きますか。

男：すみません。初めてなんですけど。

女：はい、じゃ、カード作りますね。この紙に必要なことを書いてください。

男：あの、ボールペン、借りてもいいですか。

女：あ、こちらのボールペン、どうぞ。

男：はい、えーと、名前、住所、電話番号、あ、ここは何を書けばいいですか。

女：勤務先ですね。働いている会社の名前と住所を書いてください。

男：あの、ぼく、まだ働いてなくて。

女：あ、学生さんですか。だったら、学校の名前と住所を書いてください。

男：住所ですか。今、何も持ってなくて、わからないんですけど。

女：わからなければ、書かなくてもいいですよ。

男：はい。すみません。

男の人は「勤務先」のところに何を書きますか。

남자가 처음 온 도서관 카운터에서 여자와 이야기하고 있습니다. 남자는 '근무처' 란에 무엇을 씁니까?

남: 실례합니다. 처음 왔는데요.

여: 네. 그럼 카드를 만들어 드릴게요. 이 종이에 필요한 사항을 적어 주세요.

남: 저, 볼펜, 빌려도 될까요?

여: 아, 이쪽 볼펜, 사용하세요.

남: 네. 음… 이름, 주소, 전화번호, 아, 여기는 무엇을 쓰면 되나요?

여: 근무처예요. 일하고 있는 회사 이름과 주소를 써 주세요.

남: 저기, 저 아직 일하고 있지 않아서.

여: 아, 학생이신가요? 그럼 학교 이름과 주소를 써 주세요.

남: 주소요? 지금 아무것도 갖고 있지 않아서 모릅니다만.

여: 모르시면 쓰지 않아도 괜찮습니다.

남: 네, 죄송합니다.

남자는 '근무처' 란에 무엇을 씁니까?

1・2　この男の人は学生で、働いていない。

→「必要/不必要」79p

1・2 이 남자는 학생이고, 일하고 있지 않다.

4　図書館の人が「(住所が) わからなければ、書かなくてもいい」と言ったので、住所は書かない。

4 도서관 관계자가 '(주소를) 모르면 쓰지 않아도 괜찮다'고 했기 때문에 주소는 쓰지 않는다.

2ばん　　정답　3

25p

留守番電話のメッセージを聞いています。竹内さんは何時ごろ会社に着くと言っていますか。

女：あ、竹内です。今、そちらへ向かっているんですが、事故があったみたいで、電車が駅に止まったまま動かないんです。で、ここからバスでも行けるようなので、今からバスに乗ります。バスは、東京駅に大体1時45分ごろ着くので、そこから会社まで急いで行きます。15分ぐらいで行けるかな。さっき、リュウさんにも連絡したんですが、リュウさんは予定どおり、1時半に行けるそうです。すみませんが、先に始めていてください。

竹内さんは何時ごろ会社に着くと言っていますか。

부재중 전화의 메시지를 듣고 있습니다. 다케우치 씨는 몇 시쯤 회사에 도착한다고 말하고 있습니까?

여: 아, 다케우치예요. 지금, 그 쪽으로 가고 있는데요, 사고가 난 것 같은데, 전철이 역에 멈춘 채로 움직이지 않아요. 그래서 여기서부터 버스로도 갈 수 있는 것 같아서 지금부터 버스를 탈 거예요. 버스는 도쿄역에 대략 1시 45분쯤 도착하니까, 거기서부터 회사까지 서둘러서 가겠습니다. 15분 정도면 갈 수 있으려나…… 조금 전 류 씨에게도 연락했는데요, 류 씨는 예정대로 1시 30분에 갈 수 있다고 합니다. 죄송하지만, 먼저 시작하고 계셔 주세요.

다케우치 씨는 몇 시쯤 회사에 도착한다고 말하고 있습니까?

1 約束した時間。リュウさんは、その時間に着く。

2 東京駅に着く時間。そこから会社に行く。

4 東京駅から会社までは 15 分ぐらいで行けると言っているので、2 時に着く。

1 약속한 시간이다. 류 씨는 그 시간에 도착한다.

2 도쿄역에 도착하는 시간이다. 거기서부터 회사에 간다.

4 도쿄역에서 회사까지는 15분 정도면 갈 수 있다고 하므로 2시에 도착한다.

3 ばん　　정답　1 　　　　　　　　　　　　　　　　　25p

스크립트　🔊 018

教室で男の学生と女の学生が話しています。スマホはどこにありましたか。

男：あ、スマホがない。さっきまで使っていたのに、どこかに置いてきたのかなあ……。

女：え？ かばんの中は？ かばんの中、よく見た？

男：いや、いつもかばんには入れないんだ。

女：じゃあ、コートかズボンのポケットは？

男：うーん、どっちもないなあ。

女：前の教室に忘れたんじゃない？ 次の授業が始まる前に見に行ったほうがいいよ。

男：そうだね。じゃ、ちょっと見に行ってくるよ。あ、そういえば、さっきテストの時、先生にかばんにしまいなさいって言われたんだ。あ、あった、あった。

スマホはどこにありましたか。

교실에서 남학생과 여학생이 이야기하고 있습니다. 스마트폰은 어디에 있었습니까?

남: 아, 스마트폰이 없어. 조금 전까지 사용했는데 어딘가에 두고 왔나…….

여: 뭐? 가방 속은? 가방 속, 잘 봤어?

남: 아니, 평소에 가방에는 넣지 않아.

여: 그럼, 코트나 바지 주머니는?

남: 음… 양쪽 다 없어.

여: 이전 교실에 두고 온 거 아니야? 다음 수업이 시작되기 전에 확인하러 가는 게 좋아.

남: 그렇지. 그럼 잠깐 보러 갔다 올게. 아, 그러고 보니 아까 시험 볼 때 선생님이 가방에 넣으라고 했지. 아, 있다, 있어.

스마트폰은 어디에 있었습니까?

男の学生は、はじめ、いつもかばんの中には入れないと言った。しかし、テストの時に先生にかばんに入れるように言われたことを思い出して、探したら、見つかった。「しまいなさいって言われた」は「しまいなさいと言われた」の話しことば。「そういえば」は思い出した時に言うことば。

남학생은 처음에 평소 가방 속에는 넣지 않는다고 말했다. 그러나, 시험 볼 때 선생님이 가방에 넣으라고 말씀하신 것이 생각이 나서 찾아 봤더니 있었다. 「しまいなさいって言われた」는 「しまいなさいと言われた 안에 넣으라고 했다」의 구어체이다. 「そういえば 그러고 보니」는 생각이 났을 때 하는 말이다.

→「인용」86p

4회

1ばん　정답　1

26p

스크립트　🔊020

電車の中で放送を聞いています。青山駅へ行く人はどこで乗り換えますか。

男：皆様、本日もみなと線をご利用いただきまして、誠にありがとうございます。この電車は特急みなと駅行きです。途中東駅、西駅に止まります。終点みなと駅には、15時到着の予定です。途中止まらないみなと公園駅、青山駅へ行かれるお客様は、東駅で各駅停車にお乗り換えください。

青山駅へ行く人はどこで乗り換えますか。

전철 안에서 방송을 듣고 있습니다. 아오야마역으로 가는 사람은 어디에서 갈아탑니까?

남: 여러분, 오늘도 미나토선을 이용해 주셔서 진심으로 감사합니다. 이 전철은 특급 미나토역 행입니다. 도중에 히가시역, 니시역에 정차합니다. 종점 미나토역에는 15시에 도착할 예정입니다. 도중에 정차하지 않는 미나토공원역, 아오야마역으로 가시는 손님께서는 히가시역에서 각역정차(모든 역에 정차하는 전철)로 갈아타 주십시오.

아오야마역으로 가는 사람은 어디에서 갈아탑니까?

「行かれる」「お乗り換えください」は「行く」「乗り換えてください」の尊敬語。

2 西駅に止まるが、青山駅へ行く人は、西駅で乗り換えるようにとは言っていない。

3 「途中止まらないみなと公園駅」とあるので、この電車はみなと公園駅には止まらない。

4 みなと駅はこの電車の終点（最後の駅）。乗り換える駅ではない。

「行かれる」、「お乗り換えください」는 각각 「行く 가다」, 「乗り換えてください 갈아타세요」의 존경어이다. → 「경어(존경어)」 62p

2 니시역에 정차하지만, 아오야마역으로 가는 사람은 니시역에서 갈아타라고는 말하고 있지 않다.

3 '도중에 정차하지 않는 미나토공원역'이라고 하므로 이 전철은 미나토공원역에는 정차하지 않는다.

4 미나토역은 이 전철의 종점(마지막 역)이다. 갈아타는 역(환승역)이 아니다.

2ばん 　정답 4 　26p

스크립트 　🔊021

男の人と女の人が家で話しています。男の人はどうして、家に帰ってきましたか。

男：ただいま。

女：どうしたの？ さっき、出かけたばかりなのに。忘れ物でもした？ 財布？ 携帯？

男：いや、駅まで行ったら、電車が動いてなくて。

女：えー？ なんで？ 事故？

男：ドアの故障だった。でも、すぐ動くだろうと思ってたら、ちょうどその時、田中から電話があってさ。

女：うん。

男：今日は、都合が悪くなったから、来週にしてくれって。

女：あら、そうなの。それは残念だったね。

男の人はどうして、家に帰ってきましたか。

남자와 여자가 집에서 이야기하고 있습니다. 남자는 왜 집으로 돌아왔습니까?

남: 다녀왔습니다.

여: 어떻게 된 거야? 조금 전에 막 나갔잖아. 뭐 잊어버린 거라도 있어? 지갑? 핸드폰?

남: 그게 아니라, 역까지 갔더니 전철이 안 움직여서.

여: 뭐? 왜? 사고?

남: 문이 고장 났대. 그래도 바로 움직일 거라고 생각했는데, 마침 그 때 다나카에게 전화가 왔는데 말이야.

여: 응.
남: 오늘은 사정이 생겼다고 다음 주로 해 달래(다음 주에 만나재).
여: 어머, 그랬어? 그거참 아쉽네.

남자는 왜 집으로 돌아왔습니까?

해설

男の人は「田中から電話があってさ」「来週にして
くれって」と言っているので、それが帰ってきた
理由。「って」は「と言っていた」という意味。
1　女の人に「忘れ物でもした？ 財布？」と聞か
　　れて「いや」と答えている。「いや」は「いい
　　え」という意味。財布を忘れたのではない。
2・3　電車が動いていなかった理由はドアの故
　　障。だが、これは男の人が家に帰ってきた理
　　由ではない。

남자는 '다나카에게 전화가 왔는데 말이야', '다음 주에 만나재'라고 말하고 있으므로 그게 집에 돌아온 이유이다. 「って」는「と言っていた ~라고 말했다」라는 의미이다. → 「인용」 86p

1 여자에게 '잊어버린 거라도 있어? 지갑?'이라는 말을 듣고 '아니'라고 대답하고 있다. 「いや」는「いいえ 아니」라는 의미이다. 지갑을 잊어버리고 간 것이 아니다.

2・3 전철이 움직이지 않았던 이유는 문의 고장 때문이다. 그렇지만 이것은 남자가 집에 돌아온 이유가 아니다.

3ばん　　정답　1

26p

스크립트　🔊023

消しゴムを使いたいですが、持っていません。友達に何と言いますか。
男：1　わるい。消しゴム貸してくれる？
　　 2　ごめん。消しゴム、借りて。
　　 3　ちょっと、消しゴム貸してもらって。

지우개를 쓰고 싶은데, 가지고 있지 않습니다. 친구에게 뭐라고 말합니까?
남: 1 미안. 지우개 빌려줄래?
　　2 미안. 지우개 빌려 와 줘.
　　3 지우개 좀 빌려 와 줘.

「わるい」は、「迷惑をかけてわるい」の意味。「すみません」のカジュアルな言い方。

2 「借りて」は「借りてください」という意味なので、自分が借りるのではない。

3 「貸してもらって」は、「貸してもらってください」という意味なので、自分が借りるのではない。「貸してもらいたいんだけど」だったら正しい。

「わるい」는「迷惑をかけてわるい 폐를 끼쳐서 미안하다」라는 의미이다.「すみません」의 캐주얼한 말투이다. →「의뢰하기 주의」75p 「사과하기」81p

2 「借りて」는「借りてください 빌리세요」라는 의미이므로 자신이 빌리는 것이 아니다.

3 「貸してもらって」는「貸してもらってください 빌려와 주세요」라는 의미이므로 자신이 빌리는 것이 아니다.「貸してもらいたいんだけど 빌려주었으면 좋겠는데」라고 하면 바른 대답이 된다.

4ばん　정답 1

27p

스크립트 🔊024

学生が先生のスピーチを聞きました。終わったあと、学生は先生に何と言いますか。

男：1　先生、とても勉強になりました。
　　2　先生、よく頑張りました。
　　3　先生、よくできましたね。

학생이 선생님의 스피치를 들었습니다. 끝난 뒤 학생은 선생님에게 뭐라고 말합니까?

남: 1 선생님, 매우 공부가 되었습니다.
　 2 선생님, 분발하셨네요.
　 3 선생님, 참 잘하셨습니다.

「とても勉強になりました」は先生のスピーチが自分の勉強になったということ。

2・3 「よく頑張りました」も「よくできました」も目上の人が目下の人に言う言い方。先生には使えない。

「とても勉強になりました」는 선생님의 스피치가 자신에게 도움이 되었다는 의미이다.
→「칭찬하기」82p

2・3 「よく頑張りました 분발하셨습니다」와「よくできました 잘했습니다」는 윗사람이 아랫사람에게 하는 말투이다. 선생님에게는 사용할 수 없다.

스크립트　🔊 025

カラオケの機械の使い方がわかりません。店の人に何と言いますか。

男：1　すみません。この機械の使い方を教えてもらいますか。

　　2　すみません。この機械の使い方を教えていただけますか。

　　3　すみません。この機械の使い方を教えてもいいですか。

노래방 기계의 사용법을 모릅니다. 점원에게 뭐라고 말합니까?

남: 1 실례합니다. 이 기계의 사용법을 가르쳐 줍니까?

　　2 실례합니다. 이 기계의 사용법을 가르쳐 주시겠습니까?

　　3 실례합니다. 이 기계의 사용법을 가르쳐 드려도 됩니까?

해설

1　「教えてもらいますか」は頼む時の言い方ではない。「教えてもらえますか」だったら正しい。

3　「教えてもいいですか」は、自分が教えたい時に教えてもいいかどうか許可を求める表現。

→「의뢰하기」 74p

1 「教えてもらいますか」는 부탁할 때의 말투가 아니다. 「教えてもらえますか 가르쳐 주시겠습니까?」라고 하면 바른 대답이 된다.

3 「教えてもいいですか 가르쳐 드려도 됩니까?」는 자신이 알려주고 싶을 때 가르쳐 줘도 되는지 허가를 구하는 표현이다. →「허가 구하기」 76p

스크립트　🔊 026

会議で説明したいことがあります。何と言いますか。

女：1　そのことについて説明してほしいと思います。

　　2　その話について説明してくださいますか。

　　3　そのことについては私から説明させてください。

회의에서 설명하고 싶은 것이 있습니다. 뭐라고 말합니까?

여: 1 그것에 대해서 설명해 주셨으면 합니다.

　　2 그 이야기에 대해서 설명해 주시겠습니까?

　　3 그것에 대해서는 제가 설명하게 해 주세요.

「説明させてください」は自分が説明することを許可してもらう表現。

1・2 「説明してほしい」、「説明してくださいますか」は相手に説明を求めるときの表現

「説明させてください 설명하게 해 주세요」는 자신이 설명하는 것을 허가받을 때 쓰는 표현이다.
→「허가 구하기」 76p

1・2 「説明してほしい 설명해 주었으면 한다」, 「説明してくださいますか 설명해 주시겠습니까?」는 상대에게 설명을 요구할 때의 표현이다.
→「의뢰하기」 74p

5회

1ばん　정답　4

31p

스크립트　🔊029

ラジオで女の人が話しています。

女：暑い夏の夜はエアコンをつけて寝ることが多いと思います。暑い夜でも気持ちよく寝るためには、エアコンだけではなくて、扇風機も使うといいんですよ。エアコンがある壁の反対側に扇風機を置いて、風が上に行くようにすると、エアコンの風が部屋全体に届いて涼しくなります。その時、扇風機の風が寝ている人に直接当たらないようにしてください。冷たい風が直接体に当たると、最初は気持ちがいいんですが、体にはよくないんです。

女の人は主に何について話していますか。

1　エアコンが体に与える影響
2　扇風機の風が体に悪いこと
3　暑い夜に使うエアコンの効果
4　暑い夜に気持ちよく寝る方法

라디오에서 여자가 이야기하고 있습니다.

여 : 더운 여름 밤에는 에어컨을 켜고 자는 경우가 많으리라고 생각합니다. 더운 밤이라도 상쾌하게 자기 위해서는 에어컨뿐만 아니라 선풍기도 사용하면 좋습니다. 에어컨이 있는 벽의 반대편에 선풍기를 놓고 바람이 위로 가도록 하면 에어컨 바람이 방 전체에 두루 퍼져서 시원해집니다. 그 때 선풍기 바람이 자고 있는 사람에게 직접 닿지 않도록 해 주세요. 찬

바람이 직접 몸에 닿으면 처음에는 상쾌하지만, 몸에는 좋지 않습니다.

여자는 주로 무엇에 대해 말하고 있습니까?

1 에어컨이 몸에 미치는 영향   2 선풍기 바람이 몸에 나쁜 점

3 더운 밤에 사용하는 에어컨의 효과   4 더운 밤에 상쾌하게 자는 방법

해설

女の人は、はじめに「暑い夜でも気持ちよく寝るためには」と言って、そのあとで具体的な方法を述べている。

여자는 처음에 '더운 밤이라도 상쾌하게 잘 자기 위해서는'이라고 하고 그 뒤에 구체적인 방법을 말하고 있다.

2ばん　　정답　1　　　　　　　　　　　　　　　　31p

스크립트　🔊030

男の人がテレビで話しています。

男：皆さんは、登山、つまり山登りをなさいますか。以前は、できるだけ高い山に登ったり、厳しい山道を歩いたりする登山者が多かったのですが、最近はきれいな景色を見て、みんなでおしゃべりをしながら登る、ハイキングのような登山を楽しむ30代前後の人が多いそうです。学校や職場の仲間と一緒におしゃれな服を着て、湖や花の前で写真を撮り、携帯電話でSNSに写真をあげる。まるで、アイスクリームを食べながらにぎやかな町を歩く女子高生のような登山ですね。

男の人は主に何について話していますか。

1　山登りの楽しみ方が変わったこと　　2　山登りをする人が多くなったこと

3　山登りを楽しむ人の年齢　　4　山登りとハイキングの違い

남자가 텔레비전에서 이야기하고 있습니다.

남: 여러분은 등산, 즉 산을 오르십니까? 이전에는 가능한 한 높은 산에 오르거나 험한 산길을 걷거나 하는 등산가들이 많았지만, 최근에는 예쁜 경치를 보며 다 함께 수다를 떨면서 오르는 하이킹과 같은 등산을 즐기는 30대 전후의 사람이 많다고 합니다. 학교나 직장 동료와 함께 멋진 옷을 입고 호수나 꽃 앞에서 사진을 찍어 휴대 전화로 SNS에 사진을 올립니다. 마치 아이스크림을 먹으면서 번화한 거리를 걷는 여고생 같은 등산이네요.

남자는 주로 무엇에 대해서 이야기하고 있습니까?

1 등산을 즐기는 방법이 변화한 것   2 등산을 하는 사람이 많아진 것
3 등산을 즐기는 사람의 연령   4 등산과 하이킹의 차이

해설

「以前は」「最近は」がキーワード。以前と最近では、登山者の登山の楽しみ方が変わったことが主な話題になっている。

「以前は 이전에는」, 「最近は 최근(요즘)에는」이 키워드이다. 이전과 최근에는 등산가의 등산 즐기는 방법이 바뀐 것이 주된 화제가 되고 있다.

3ばん　　정답　4

31p

스크립트　🔊031

女の人と男の人が話しています。

女：本田君、夏休みにはよく近所の図書館に行くんだって？

男：うん。図書館だと、家で勉強するより、よくできるんだ。うちにいると、ついメールをチェックしたり、お茶を飲んだり、マンガを読んだりしてあんまり勉強しないんだよ。

女：でも、毎日行くの？ 大変でしょう？ 家からどのぐらい？

男：うーん、15分ぐらい。だけど、自転車なら5分だよ。疲れたら本棚の間を歩いたり、本を眺めてると気分が変わるんだ。自動販売機ではコーヒーも買えるし。ぜんぜん問題ないよ。

女：へえ。私は図書館では資料を探すだけだな。ほかの人がいると、何かやりにくくて。うちのほうが落ち着いて勉強できる。

男：ぼくは、ほかの人がいると、勉強しなきゃっていう気持ちになるんだ。ほかの人が勉強しているのを見ると、自分もちゃんとやらなきゃって思う。

男の人は何について話していますか。

1　図書館に対する意見　　2　図書館にいる人たち
3　図書館のサービス　　　4　図書館で勉強する理由

여자와 남자가 이야기하고 있습니다.

여: 혼다 군, 여름 방학에는 근처 도서관에 자주 간다며?

남: 응. 도서관에서라면 집에서 공부하는 것보다 잘 돼. 집에 있으면 무심코 메일을 체크하거나 차를 마시거나 만화책을 읽거나 해서 별로 공부를 안 하거든.

여: 그런데, 매일 가는 거야? 힘들지? 집에서 어느 정도 걸려?

남: 음… 15분 정도. 그렇지만 자전거라면 5분이야. 피곤해지면 책장 사이를 걷거나 책을 바라보고 있으면 기분 전환이 돼. 자판기에서는 커피도 살 수 있고. 전혀 문제없어.

여: 오~ 나는 도서관에서는 자료만 찾는데. 다른 사람이 있으면 뭔가 하기 힘들어서. 집이 더 차분하게 공부가 돼.

남: 나는 다른 사람이 있으면 공부해야지 하는 기분이 들어. 다른 사람이 공부하고 있는 것을 보면 나도 제대로 해야겠다는 생각이 들어.

남자는 무엇에 대해 이야기하고 있습니까?

1 도서관에 대한 의견　　　　　　2 도서관에 있는 사람들
3 도서관 서비스　　　　　　　　4 도서관에서 공부하는 이유

해설

男の人は、「図書館だと、家で勉強するより、よくできるんだ」や「ほかの人がいると、勉強しなきゃ（＝勉強しなければいけない）っていう気持ちになる」と言っている。

1　「図書館に対する意見」は図書館のサービスなどについての意見という意味。

남자는 '도서관에서라면 집에서 공부하는 것보다 공부가 잘 돼'라든가 '다른 사람이 있으면 공부해야지(=공부하지 않으면 안 되겠다) 하는 기분이 들어'라고 말하고 있다. →「구어체」 68p

1 '도서관에 대한 의견'은 도서관 서비스 등에 대한 의견이라는 의미이다.

6회

1ばん　정답　1

34p

스크립트　🔊 034

女：この日、空けておいてもらえない？

男：1　うーん、すみませんが、その日はちょっと……。

　　2　はい、この日はどうですか。

　　3　ええ、空けてもらえますよ。

여: 이날 (시간) 비워 두지 않을래?

남: 1 음… 죄송한데, 그 날은 좀…….

　　2 네, 이날은 어떠세요?

　　3 네, 비워 주실 수 있어요.

この場合の「日を空ける」は、「ある予定のために、その日に別の予定を入れないようにする」という意味。「その日はちょっと……」は最後まで言わないで都合が悪いことを伝える言い方。

2　相手が「この日」を空けておくように頼んでいるのだから、「この日はどうですか」と提案するのは不適切。

3　「空けてもらえます」はだれかほかの人に空けてもらえるという意味。

이 경우의 「日を空ける 날을 비우다」는 '어떤 예정을 위해, 그 날 다른 일정을 넣지 않도록 한다'라는 의미이다. 「その日はちょっと…… 그 날은 좀……」은 끝까지 말하지 않고 상황이 어렵다는 것을 전하는 표현이다.

→ 「의뢰하기」 74p 「~어 있다/~해 두다/~어 있다」 85p
「말끝을 흐리는 표현」 87p

2 상대방이 '이날'을 비워 두도록 부탁하고 있기 때문에 '이날은 어떠세요?'라고 제안하는 것은 부적절하다.

3 「空けてもらえます」는 누군가 다른 사람이 시간을 비워 줄 수 있나는 의미이다.

2ばん　　정답　1　　34p

男：課長、来週の水曜日に休みを取らせていただきたいんですが。
女：1　水曜日ですね。いいですよ。
　　2　ええ、休みを取らせてもいいですよ。
　　3　はい、休みを取りたいです。

남: 과장님, 다음 주 수요일에 휴가를 냈으면 하는데요.
여: 1 수요일 말이죠. 알겠어요.
　　2 네, 휴가를 내게 해도 괜찮아요.
　　3 네, 휴가를 내고 싶어요.

「来週の水曜日に休みを取らせていただきたいんですが」は「休みを取りたい」ので許可してほしいという意味。

2　この場合、「休みを取らせてもいいですよ」は、男の人がほかの人に休みを取らせることを女の人が許可する表現。「休みを取ってもいいですよ」なら正しい表現になる。

「来週の水曜日に休みを取らせていただきたいんですが」는 '휴가를 내고 싶다'라는 것이므로 허가해 주었으면 좋겠다는 의미이다.

→ 「경어(존경어)」 62p 「허가 구하기」 76p

2 이 경우, 「休みを取らせてもいいですよ 휴가를 내게 해도 괜찮아요」는 남자가 다른 사람에게 휴가를 주는 것을 여자가 허가하는 표현이다. 「休みを取ってもいいですよ 휴가를 내도 좋아요」라고 하면 바른 표현이 된다.

3 　男の人が休みを取りたいと言っている。女の人が休みを取りたいのではない。

3 　남자가 휴가를 내고 싶다고 말하고 있다. 여자가 휴가를 내고 싶은 것이 아니다.

3ばん　정답　2 34p

スクリプト 🔊036

女1：だれが連れて行ってくれたんですか。
女2：1　山口さんが行ったんです。
　　　 2　山口さんです。
　　　 3　山口さんがくれたんです。

여1: 누가 데려가 주었습니까?
여2: 1 야마구치 씨가 갔어요.
　　 2 야마구치 씨입니다.
　　 3 야마구치 씨가 준 거예요.

해설

1 　これは、山口さんが一人で行ったという意味で、「だれが連れて行ってくれたんですか」という質問の答えにはならない。
3 　この表現は、山口さんから何か物をもらったという意味になる。

1 이것은 야마구치 씨가 혼자서 갔다는 의미로 '누가 데려가 주었습니까?'라는 질문의 대답이 되지는 않는다.
3 이 표현은 야마구치 씨에게 무언가 물건을 받았다는 의미가 된다.

4ばん　정답　2 35p

スクリプト 🔊038

テレビでアナウンサーが話しています。

女：学校から帰ってくる小学生が、小さいお店に入っていきます。中にはもう10人ぐらいの子どもたちがいて、楽しそうにおしゃべりをしながら晩ご飯を食べています。ここは、子ども食堂と言って、いろいろな理由で、家でご飯が食べられない子ども

24

たちのために、ボランティアの人たちが料理を作って子どもたちに食べさせている店です。1回100円で利用できます。メニューは曜日によって違います。この店ではご飯のあとで、大学生が勉強も教えてくれるんですよ。

女の人は、何について話していますか。

1　子どもに勉強を教えるための店　　　2　子どもが安い値段で食事ができる食堂

3　子どもがボランティア活動をする店　　4　子どもに料理を教えるための食堂

텔레비전에서 아나운서가 이야기하고 있습니다.

여: 학교에서 귀가하는 초등학생이 작은 가게에 들어갑니다. 안에는 이미 10명 정도의 아이들이 있고 즐거운 듯이 수다를 떨면서 저녁을 먹고 있습니다. 이곳은 아이들 식당이라고 부르며 여러 가지 이유로 집에서 밥을 먹을 수 없는 아이들을 위해서 자원봉사자들이 요리를 만들어 아이들에게 먹이고 있는 가게입니다. 1회에 100엔으로 이용 가능합니다. 메뉴는 요일에 따라 다릅니다. 이 가게에서는 밥을 먹은 뒤에 대학생이 공부도 가르쳐 줍니다.

여자는 무엇에 대해 이야기하고 있습니까?

1 아이들에게 공부를 가르치기 위한 가게　　　2 아이들이 저렴한 가격으로 식사할 수 있는 식당

3 아이들이 자원봉사 활동을 하는 가게　　　4 아이들에게 요리를 가르치기 위한 식당

| 해설 |

1　大学生が勉強を教えてくれると言っているが、「勉強も」と言っているので、それがこの店の一番の目的ではない。

3　ボランティアの人が料理を作っている。子どもがボランティアをするのではない。

4　この店で子どもに料理を教えているとは言っていない。

1 대학생이 공부를 가르쳐 준다고 말하고 있지만 '공부도'라고 말하고 있으므로 그것이 이 가게의 주된 목적이 아니다.

3 자원봉사자가 요리를 만들고 있다. 아이들이 봉사 활동을 하는 것이 아니다.

4 이 가게에서 아이들에게 요리를 가르치고 있다고 말하고 있지 않다.

カメラの店で男の人と女の人が話しています。

男：いらっしゃいませ。そのカメラ、一番新しいモデルですよ。それに、値段もそんなに高くないですよ。

女：いえ、あの、このカメラ、ここで買ったんですけど、ちょっとおかしいんです。見てもらえますか。

男：拝見します。ああ、スイッチが入りませんね。

女：え！ 昨日はスイッチは大丈夫でしたよ。フラッシュの調子が悪くて……。１回光ったんですが、次から光らなくなったんです。

男：そうですか。ちょっとお待ちください。あ、入りました。で、フラッシュですね。ああ、本当ですね。光りませんね。

女：修理、お願いできますか。

男：それでは、一度お預かりさせていただきます。こちらにお名前とご連絡先をお願いします。

女の人は何をしに来ましたか。

1　新しいモデルのカメラを買いに来た
2　安いカメラを買いに来た
3　カメラのスイッチを直してもらいに来た
4　カメラのフラッシュを直してもらいに来た

카메라 점포에서 남자와 여자가 이야기하고 있습니다.

남: 어서 오세요. 그 카메라 가장 최신 모델이에요. 게다가 가격도 그렇게 비싸지 않습니다.

여: 그게 아니라, 저, 이 카메라 여기에서 산 건데요, 조금 이상해서요. 좀 봐 주시겠어요?

남: 제가 확인해 보겠습니다. 아아, 스위치가 작동이 안 되네요.

여: 아! 어제는 스위치는 괜찮았어요. 플래시 상태가 좋지 않아서……. 한 번 빛이 터지더니 그다음부터는 터지지 않더라고요.

남: 그렇습니까? 잠시 기다려 주세요. 아, (스위치는) 켜졌습니다. 그럼, 플래시가 문제군요. 아아, 정말이네요. 빛이 터지지 않네요.

여: 수리 부탁드려도 될까요?

남: 그럼 한번 맡아보겠습니다(수리를 맡겠습니다). 이 곳에 성함과 연락처를 부탁드립니다.

여자는 무엇을 하러 왔습니까?

1 새 모델 카메라를 사러 왔다
2 저렴한 카메라를 사러 왔다
3 카메라 스위치를 수리받으러 왔다
4 카메라 플래시를 수리받으러 왔다

해설

女の人は「このカメラ、ここで買ったんですけど、ちょっとおかしいんです。見てもらえますか」「フラッシュの調子が悪くて……」と言っているので、フラッシュを直してもらいに来た。そのあと実際に「修理、お願いできますか」と言っている。

여자는 '이 카메라 여기에서 산 건데요, 조금 이상해서요. 좀 봐 주시겠어요?', '플래시 상태가 좋지 않아서……'라고 말하고 있으므로 플래시를 수리받으러 왔다. 그 뒤에 실제로 '수리 부탁드려도 될까요?'라고 말하고 있다.

7회

1ばん   정답 2

36p

스크립트   🔊 041

先生が学生に七夕飾りの作り方を説明しています。学生はまず何をしますか。

男：来週の7月7日は七夕祭りですね。今日は七夕祭りに飾る「短冊」を作りましょう。「短冊」というのは、神様にお願いしたいことを書いた紙のことです。皆さんの机の上に、いろいろな色の折紙が置いてありますね。その紙を半分に切ってください。あ、自分の好きな色を選んでいいですよ。次に紙の上の方に穴を開けて、そこにひもを通して結んでください。できましたか。それが終わったら、紙に皆さんがお願いしたいことを書きましょう。私も書きますね。何がいいかな。えーと、「お金持ちになれますように」。皆さん、書いたら、ここに飾ってください。

学生はまず何をしますか。

선생님이 학생에게 칠석날 장식 만드는 법을 설명하고 있습니다. 학생은 우선 무엇을 합니까?

남: 다음 주 7월 7일은 칠석 축제네요. 오늘은 칠석 축제에 장식하는 '단자쿠'를 만들어 봅시다. '단자쿠'라는 것은 신에게 소
   망하는 것을 쓴 종이를 말합니다. 여러분의 책상 위에 다양한 색의 종이 접기(색종이)가 놓여 있죠? 그 종이를 반으로 잘
   라 주세요. 아, 자신이 좋아하는 색을 고르면 돼요. 다음에 종이 윗쪽에 구멍을 내고 거기에 끈을 통과시켜 묶어 주세요.
   다 되었나요? 그게 끝나면 종이에 여러분이 소망하는 것을 씁시다. 저도 쓸게요. 뭐가 좋을까? 음… 「부자가 되게 해 주
   세요」. 여러분, 썼으면 여기에 장식해 주세요.

   학생은 우선 무엇을 합니까?

해설

自分の好きな色の紙を選んでから、半分に切る。
そのあとで、穴を開けてひもを通す。お願いした
いことは最後に書く。「あ、自分の好きな色を選ん
でいいですよ」の「あ」は言うべきことを忘れて
いたことに気づいた時の表現。

자신이 좋아하는 색의 종이를 고른 뒤에 반으로 자른
다. 그 뒤에 구멍을 내서 끈을 통과시킨다. 소망하는 것
은 마지막에 쓴다. 「あ、自分の好きな色を選ん
でいいですよ 아, 자신이 좋아하는 색을 고르면 돼요」
의 「あ」는 말해야 하는 것을 잊고 있었다는 것을 깨달
았을 때 쓰는 표현이다. →「순번, 차례」 74p

2ばん　　정답　4

36p

스크립트　🔊042

会社で上司と部下が話しています。男の人は、このあと何をしますか。

女：山口さん、3時から会議やるから準備をお願いします。

男：あ、はい。

女：この資料、13人分コピーしてあるから机の上に置いといてください。

男：はい、わかりました。

女：じゃあ、お願いします。あ、そうだ、うっかりしてた。

男：何ですか。

女：2時半まで、営業部が会議で使ってるんだった。営業部の人たちが出てきたら、会
　　議室の机の並べ方を確認してくれる？　あの人たち、いつも机動かしてそのままな
　　の。

男：そうですね。わかりました。

男の人は、このあと何をしますか。

회사에서 상사와 부하가 이야기하고 있습니다. 남자는 이다음에 무엇을 합니까?

여: 야마구치 씨, 3시부터 회의할 테니 준비를 부탁드려요.

남: 아, 네.

여: 이 자료, 13명분 복사한 것이니까 책상 위에 놔 주세요.

남: 네 알겠습니다.

여: 그럼, 부탁드립니다. 아, 맞다, 깜박했네.

남: 무슨 일인가요?

여: 2시 반까지 영업부가 회의로 쓴다고 했지. 영업부 사람들이 나오면 회의실 책상 배열을 확인해 줄래? 그 사람들, 항상 책상을 이동시킨 채 그냥 나오니까.

남: 그렇죠. 알겠습니다.

남자는 이다음에 무엇을 합니까?

해설

「うっかりして（い）た」は忘れていたことを思い出した時に言う表現。女の人は、「机の並べ方を確認してくれる？」と言った。

1 営業部の人たちに会議室から出ていってもらう、ということは言っていない。

2 営業部の人たちが、いつも机を動かしたままであることは、迷惑だと思っているが、営業部の人たちに机を動かすのをやめてもらうということは言っていない。

3 資料は、すでに、13人分コピーしてある。「置いといてください」の「～といて」は「～ておいて」の話しことば。

「うっかりして(い)た 깜박하고 있었다」는 잊고 있던 것이 생각났을 때 말하는 표현이다. 여자는 '책상 배열을 확인해 줄래?'라고 했다. →「구어체」 68p「의뢰하기」 74p「~어 있다/~해 두다/~어 있다」 85p

1 영업부 사람들에게 회의실에서 니가 달라고 하는 말은 하지 않았다.

2 영업부 사람들이 항상 책상을 이동시킨 상태로 나오는 것은 민폐라고 생각하지만 영업부 사람들에게 책상을 이동시키는 것은 그만두라고 말하지는 않았다.

3 자료는 이미 13명분 복사되어 있다.「置いといてください 놓아두세요」의「～といて」는「～ておいて」의 구어체이다.

3ばん 정답 1

스크립트 🔊 043

女の人が会社の先輩と話しています。女の人はあさってお葬式にどんな服装で行きますか。

女1：あさっての社長のお母様のお葬式、どんな服装がいいのかよくわからなくて……。黒の服だったら、どんなものでもいいんでしょうか。

女2：そうねえ。黒のスーツを着る人が多いですね。私もスーツで行きますよ。

女1：あー、やっぱり、ワンピースより、スーツですか。私、黒のスーツは持っていな

くて……。

女2：デザインが地味なものなら、ワンピースでもいいですよ。

女1：あ、よかった。2枚持ってるんですけど、ボタンがついているものより、何も飾

りがないもののほうがいいですか。小さくて丸いボタンなんですが。

女2：そうねえ。どっちでも大丈夫だと思いますよ。

女1：あ、あと、バッグは黒ですよね。黒いバッグはこれしかないんですが。

女2：うーん、ここに白い線が入っているわねえ。これじゃないほうがいいなあ。私、

黒いバッグ、二つあるから、貸しましょうか。あした、会社に持ってきますよ。

女1：えー、助かります。

女の人はあさってお葬式にどんな服装で行きますか。

여자가 회사 선배와 이야기하고 있습니다. 여자는 내일모레 장례식에 어떤 복장으로 갑니까?

여1: 내일모레 사장님의 어머님 장례식, 어떤 복장이 좋을지 잘 몰라서…….

검정색 옷이라면 어떤 것이라도 상관없을까요?

여2: 음… 검정색 정장을 입는 사람이 많죠. 저도 정장으로 갈 거예요.

여1: 아… 역시 원피스보다 정장일까요? 저는 검정색 정장은 가지고 있지 않아서요…….

여2: 디자이이 수수한 것이라면 원피스라도 괜찮아요.

여1: 아, 다행이다. 두 벌 갖고 있는데 단추가 달린 것보다 아무 장식이 없는 쪽이 더 나을까요? 작고 동그란 단추입니다만.

여2: 글쎄요. 둘 다 괜찮을 것 같은데요.

여1: 아, 그리고 가방은 검정색이어야 하죠? 검정색 가방은 이것밖에 없습니다만.

여2: 음… 여기 하얀 선이 들어가 있네요. 이게 아니면 좋겠는데. 저, 검정색 가방, 두 개 있으니 빌려 드릴까요? 내일 회사에

가지고 올게요.

여2: 아, 감사합니다.

여자는 내일모레 장례식에 어떤 복장으로 갑니까?

해설

女の人は、黒いスーツを持っていない。黒いワンピースを二つ持っているが、どちらでもいいと先輩に言われた。また、白い線が入った黒いバッグしか持っていなかったが、白い線が入っていないほうがいいので、先輩に黒いバッグを借りることにした。

여자는 검정색 정장을 가지고 있지 않다. 검정색 원피스를 두 벌 갖고 있지만 둘 다 괜찮다고 선배가 말했다. 또한, 하얀 선이 들어간 검정색 가방밖에 갖고 있지 않은데, 하얀 선이 들어가지 않은 편이 좋기 때문에 선배에게 검정색 가방을 빌리기로 했다.

→ 「조언, 충고」 80p

4ばん　　정답　2

スクリプト　🔊 045

男：渡辺さん、いつ、うちにいらっしゃいますか。

女：1　では、あしたいらっしゃいます。

　　2　では、あした伺います。

　　3　では、あしたおいでになります。

남: 와타나베 씨, 언제 저희 집에 오시겠습니까?

여: 1 그럼, 내일 가시겠습니다.

　 2 그럼, 내일 찾아뵙겠습니다.

　 3 그럼, 내일 가시겠습니다.

해설

1・3　自分がする行動について、尊敬語は使わない。

→「경어」 62p

1・3 자신이 하는 행동에 대해서 존경어는 사용하지 않는다.

5ばん　　정답　1

스크립트　🔊 046

女：すみませんが、この荷物、一つ持ってくれませんか。

男：1　あ、気がつかなくて、すみません。

　　2　え、いただいてもいいんですか。

　　3　一つだけならあげますよ。

여: 죄송합니다만, 이 짐, 하나 들어 주시지 않겠습니까?

남: 1 아, 미처 생각 못해 죄송합니다.

　 2 아, 받아도 됩니까?

　 3 하나만이라면 줄게요.

「持ってくれませんか」は「持ってください」の意味。相手が重そうにしていることに気づかず、謝っている。

2 「いただいてもいいんですか」は、だれかに「どうぞ（さしあげます）」と言われた時の返事で、うれしい気持ちを表現する言い方。

3 「一つだけならあげますよ」は、相手に何かを一つだけあげる時に言う。

「持ってくれませんか 들어 주시지 않겠습니까?」는 「持ってください 들어 주세요」라는 의미이다. 상대방이 무거워해 하고 있는 것을 알아채지 못해 사과하고 있다. →「의뢰하기」 74p

2 「いただいてもいいですか 받아도 됩니까?」는 누군가로부터 「どうぞ（さしあげます）자, 여기 （드리겠습니다）」라고 들었을 때의 대답으로, 기쁜 마음을 표현하는 말투이다.

3 「一つだけならあげますよ 하나만이라면 줄게요」는 상대방에게 무언가를 한 개만 줄 때 말한다.

6ばん　정답　3

スク립트　🔊047

男：今日はお見舞いに来てくださってありがとうございました。
女：1　こちらこそ、どうもありがとう。
　　2　ぜひ、また来てくださいね。
　　3　じゃあ、お大事にね。

남: 오늘은 병문안 와 주셔서 감사했습니다.
여: 1 저야말로 감사드려요.
　　2 꼭, 다시 와 주세요.
　　3 그럼, 몸조리 잘하세요.

해설

男の人は病気かけがをしている人で、お見舞いに来た女の人にお礼を言っている。「お大事に」は病気やけがをした人と別れる時に使う。

1 「こちらこそ」は自分も同じ気持ちであることを表す表現。お見舞いに行った人が「ありがとう」と言うのは適切ではない。

2 お見舞いに行った人が「また来てください」とは言わない。

남자는 아프거나 다친 사람으로, 병문안 온 여자에게 감사 인사를 하고 있다. 「お大事に 몸조리 잘하세요」는 아프거나 다친 사람과 헤어질 때 사용한다.
→「인사/의례적 표현」 60p

1 「こちらこそ 저야말로」는 자신도 같은 기분임을 나타내는 표현이다. 병문안을 간 사람이 「ありがとう 감사해요」라고 말하는 것은 적절하지 않다.

2 병문안을 간 사람이 「また来てください 또 오세요」라고는 말하지 않는다.

7ばん　정답　3

スクリプト🔊048

女：部長、先ほどは約束の時間を間違えてしまい、本当に申し訳ありませんでした。

男：1　とんでもない。こちらこそありがとう。

　　2　もう二度といたしません。

　　3　ああ、これからは気をつけてくださいね。

여: 부장님, 아까는 약속 시간을 착각해서 정말 죄송했습니다.

남: 1 천만에요. 저야말로 감사해요.

　2 이제 다시는 안 그러겠습니다.

　3 아, 앞으로는 조심해 주세요.

해설

女の人は時間を間違えたことを謝っている。「これからは気をつけてくださいね」は次からは、同じ間違いをしないようにしてほしいという意味。

1　謝っている人に対して「ありがとう」とは言わない。

2　「もう二度といたしません」は自分が同じ間違いをもうしないという意味。謝っている人が言う。

여자는 시간을 착각한 것을 사과하고 있다. 「これからは気をつけてくださいね 앞으로는 조심해 주세요」는 다음부터는 같은 실수를 하지 않기를 바란다는 의미이다. →「사과하기」81p

1 사과하는 사람에게 「ありがとう 고마워」라고는 말하지 않는다.

2 「もう二度といたしません 이제 다시는 안 그러겠습니다」는 자신이 같은 실수를 이제 하지 않겠다는 의미이다. 사과하는 사람이 말한다.

1ばん　정답　3

38p

스크립트 🔊050

女の人がアパートの大家さんと話しています。女の人はこのあとまずどこに電話しますか。

女：すみませんが、このアパートの近くに病院、ありますか。

男：病院？ どこか悪いの？

女：私じゃなくて、妹なんです。今朝からずっとおなかが痛いって言ってて、早く行かせたいんです。私は仕事があるので行けないんですけど。

男：それは心配だね。そうだなあ。私が行っているふたばクリニックというのは、今日は休みだなあ。川本病院っていう、大きくていい病院があるけど、ちょっと遠くて、バスに乗らないと……。

女：妹一人でバスに乗っていくのはちょっと無理だと思います。妹はまだ日本語がほとんど話せないんです。できれば英語が通じるところがいいんですけど。

男：英語か……。小学校のそばの山田医院かゆりクリニックなら大丈夫だと思うけど、直接電話したほうがいいね。えーと……、この紙にこの辺の病院の電話番号が載っているからすぐに電話してみて。あ、ゆりクリニックのはここにはないから、あとで調べてメールするね。

女：ありがとうございます。すぐ電話してみます。

女の人はこのあとまずどこに電話しますか。

여자가 아파트의 집주인과 이야기하고 있습니다. 여자는 이다음에 먼저 어디에 전화합니까?

여: 죄송합니다만, 이 아파트 근처에 병원이 있습니까?

남: 병원? 어디가 안 좋은 거야?

여: 제가 아니라, 여동생이요. 아침부터 계속 배가 아프다고 해서 빨리 보내고 싶어서요. 저는 일이 있어서 갈 수 없지만요.

남: 그것참 걱정이네. 글쎄… 내가 다니는 후타바 클리닉은 오늘은 휴진이네. 가와모토 병원이라는 크고 좋은 병원이 있는데 좀 멀어서 버스를 타야 해서…….

여: 여동생 혼자 버스를 타는 것은 조금 무리일 것 같아요. 여동생은 아직 일본어를 거의 못하거든요. 가능하면 영어가 통하는 곳이 있으면 좋겠는데요.

남: 영어 말이지……. 초등학교 근처에 있는 야마다 의원이나 유리클리닉이라면 괜찮을 것 같은데, 직접 전화해 보는 게 좋겠네. 어디 보자……. 이 종이에 이 근처의 병원 전화번호가 실려 있으니까 바로 전화 걸어 봐. 아, 유리클리닉 번호는 여기에 없으니까, 나중에 알아보고 메일 할게(문자 할게).

여: 감사합니다. 바로 전화 걸어 보겠습니다.

여자는 이다음에 먼저 어디에 전화합니까?

해설

1　ふたばクリニックは今日(きょう)は休(やす)み。
2　大家(おおや)さんは「川本病院(かわもとびょういん)っていう、大(おお)きくていい病院(びょういん)があるけど、ちょっと遠(とお)くて、バスに乗(の)らないと……（いけない）」と言(い)った。
　　そのあと、女(おんな)の人(ひと)が、妹一人(いもうとひとり)でバスに乗(の)っていくのは無理(むり)だと言(い)っている。
4　今(いま)は電話番号(でんわばんごう)がわからない。これから大家(おおや)さんが調(しら)べる。

1　후타바 클리닉은 오늘은 휴진이다.
2　집주인은 '가와모토 병원이라는 크고 좋은 병원이 있는데 좀 멀어서 버스를 타야 한다'고 했다.
　　→「말끝을 흐리는 표현」 87p
　　그 후 여자가 여동생 혼자서 버스를 타고 가는 것은 무리라고 말하고 있다.
4　지금은 전화번호를 모른다. 이후에 집주인이 알아본다.

2ばん　정답　2 38p

スクリプト　🔊051

携帯電話(けいたいでんわ)で妻(つま)と夫(おっと)が話(はな)しています。男(おとこ)の人(ひと)はこれからどうしますか。

女(おんな)：もしもし、たくや？　今(いま)どこ？
男(おとこ)：まだ会社(かいしゃ)だよ。でも、もうすぐ終(お)わる。そっちは？
女(おんな)：今(いま)、仕事(しごと)が終(お)わって、駅(えき)に向(む)かって歩(ある)いてるところ。で、どこで待(ま)ち合(あ)わせする？
男(おとこ)：パーティーは7時(じ)からだから、10分前(ぶんまえ)ぐらいにセンター北駅(きたえき)でどう？
女(おんな)：いいよ。でも、ちょっとお花(はな)でも買(か)っていきたいね。お祝(いわ)いだから。
男(おとこ)：そうすると、花屋(はなや)に寄(よ)らなきゃ。そっちで、買(か)ってきてくれない？
女(おんな)：えー？　うちの会社(かいしゃ)のそばには花屋(はなや)はないよ。じゃあ、センター北駅(きたえき)で会(あ)ってから買(か)わない？　6時(じ)20分(ぷん)に改札口(かいさつぐち)で待(ま)ち合(あ)わせで。
男(おとこ)：うーん、あの辺(へん)にあるかなあ。
女(おんな)：じゃあ、やっぱり私(わたし)が買(か)っとく。西山駅(にしやまえき)で乗(の)り換(か)えるから。待(ま)ち合(あ)わせは元(もと)のとおりで。

男<ruby>男<rt>おとこ</rt></ruby>：わかった。じゃ、あとで。

<ruby>男<rt>おとこ</rt></ruby>の<ruby>人<rt>ひと</rt></ruby>はこれからどうしますか。

휴대 전화로 부인과 남편이 이야기하고 있습니다. 남자는 앞으로 어떻게 합니까?

여: 여보세요. 타쿠야? 지금 어디야?
남: 아직 회사야. 근데 이제 곧 끝나. 당신은?
여: 지금 일이 끝나서 역으로 향해 걷고 있는 중이야. 그럼 어디서 만날까?
남: 파티는 7시부터라니까 10분 정도 전에 센터 기타역에서 어때?
여: 좋아. 근데 꽃이라도 좀 사 가고 싶은데. 축하하는 자리니까.
남: 그러면 꽃 가게에 들러야겠네. 그쪽에서 사다 주면 안 될까?
여: 뭐? 우리 회사 근처에는 꽃 가게는 없어. 그럼 센터 기타역에서 만난 뒤에 사지 않을래? 6시 20분에 개찰구에서 만나기로 하고.
남: 음… 그 주변에 있을까?
여: 그럼, 역시 내가 사 둘게. 니시야마역에서 갈아탈 거니까. 약속은 원래대로 하고.
남: 알겠어. 그럼 이따 봐.

남자는 앞으로 어떻게 합니까?

해설

「やっぱり<ruby>私<rt>わたし</rt></ruby>が<ruby>買<rt>か</rt></ruby>っとく」「<ruby>待<rt>ま</rt></ruby>ち<ruby>合<rt>あ</rt></ruby>わせは<ruby>元<rt>もと</rt></ruby>のとおりで」と<ruby>言<rt>い</rt></ruby>っているので、<ruby>男<rt>おとこ</rt></ruby>の<ruby>人<rt>ひと</rt></ruby>は7<ruby>時<rt>じ</rt></ruby>10<ruby>分前<rt>ぷんまえ</rt></ruby>、つまり、6<ruby>時<rt>じ</rt></ruby>50<ruby>分<rt>ぷん</rt></ruby>にセンター<ruby>北駅<rt>きたえき</rt></ruby>で<ruby>待<rt>ま</rt></ruby>つ。

'역시 내가 미리 사 둘게', '약속(장소와 시간)은 원래대로 하고'라고 말하고 있기 때문에 남자는 7시 10분 전, 즉, 6시 50분에 센터 기타역에서 기다린다.
→「구어체」 68p 「~어 있다/~해 두다/~어 있다」 85p
「다음에 무엇이 올지 예측 가능한 표현」 89p

3ばん　정답　1　　　　　　　　　　　　38p

스크립트	🔊052

<ruby>男<rt>おとこ</rt></ruby>の<ruby>人<rt>ひと</rt></ruby>は<ruby>日曜日<rt>にちようび</rt></ruby>に<ruby>美術館<rt>びじゅつかん</rt></ruby>へ<ruby>行<rt>い</rt></ruby>きました。<ruby>今<rt>いま</rt></ruby>、<ruby>美術館<rt>びじゅつかん</rt></ruby>の<ruby>人<rt>ひと</rt></ruby>と<ruby>話<rt>はな</rt></ruby>しています。<ruby>男<rt>おとこ</rt></ruby>の<ruby>人<rt>ひと</rt></ruby>はこのあとまず<ruby>何<rt>なに</rt></ruby>をしますか。

<ruby>男<rt>おとこ</rt></ruby>：すみません。<ruby>入<rt>い</rt></ruby>り<ruby>口<rt>ぐち</rt></ruby>はどこですか。
<ruby>女<rt>おんな</rt></ruby>：あの<ruby>右側<rt>みぎがわ</rt></ruby>のガラスのドアです。チケットはお<ruby>持<rt>も</rt></ruby>ちですか。
<ruby>男<rt>おとこ</rt></ruby>：あ、えーと、この<ruby>無料<rt>むりょう</rt></ruby>の<ruby>券<rt>けん</rt></ruby>は<ruby>使<rt>つか</rt></ruby>えますよね。

女：あ、無料券ですか。申し訳ありません。これは平日しか使えないんです。

男：え！ そうなんですか。平日かあ……。今日はやめようかな。でも、せっかく来たから……。

女：それでしたら、左側の機械で、チケットを買ってください。そのあと、右側の入り口から入ってください。

男：けっこう並んでいますね。

女：ええ、今日は日曜日ですので、お客様が多くて。30分ぐらいお待ちいただくことになると思います。

男：まあ、しかたないな。

男の人はこのあとまず何をしますか。

남자는 일요일에 미술관에 갔습니다. 지금, 미술관 직원과 이야기하고 있습니다. 남자는 이다음 먼저 무엇을 합니까?

남: 실례합니다. 입구는 어디입니까?

여: 저기 우측 유리문입니다. 티켓은 가지고 계십니까?

남: 아, 저, 이 무료 티켓은 사용 가능하죠?

여: 아, 무료 티켓입니까? 죄송합니다. 이건 평일밖에 사용할 수 없습니다.

남: 앗! 그렇습니까? 평일이구나……. 오늘은 그만 둘까? 그래도 모처럼 왔으니까…….

여: 그러시면 좌측의 기계에서 티켓을 구매해 주세요. 그다음 우측의 입구로 들어가세요.

남: 꽤 줄을 섰네요.

여: 네. 오늘은 일요일이기 때문에 손님이 많아서요. 30분 정도 기다리시게 될 것 같습니다.

남: 뭐 어쩔 수 없지요.

남자는 이다음 먼저 무엇을 합니까?

해설

男の人が「せっかく来たから……（見ていこう）」と言ったのに対し、女の人が「それでしたら、左側の機械で、チケットを買ってください」と言っている。そのあと、右側の入り口に並ぶ。

남자가 '모처럼 왔으니까…… (보고 가야지)'라고 말한 것에 대해, 여자가 '그러시면 좌측의 기계에서 티켓을 구매해 주세요'라고 말하고 있다. 그 뒤 우측의 입구에 줄을 선다.

→「순번, 차례」 74p 「말끝을 흐리는 표현」 87p

4ばん　　정답　1
39p

스크립트　🔊054

男：こちらでの写真撮影は、ご遠慮ください。

女：1　あ、すみません。

　　　2　ありがとうございます。よかった。

　　　3　はい、失礼します。

남: 여기에서 사진 촬영은 삼가 주세요.

여: 1 아, 죄송합니다.

　　2 감사합니다. 다행이다.

　　3 네, 실례하겠습니다.

해설

「ご遠慮ください」は「やめてください」の丁寧な言い方なので、返事は謝る表現が適切。

「ご遠慮ください 삼가 주세요」는 「やめてください 그만두세요」의 정중한 말투이므로 답변은 사과하는 표현이 적절하다.

→「사과하기」 81p 「금지하기」 84p

5ばん　　정답　3
39p

스크립트　🔊055

女：もう少し、前の方に行かない？

男：1　そうだよ。

　　　2　そうなの？

　　　3　そうだね。

여: 조금 더 앞쪽으로 가지 않을래?

남: 1 그래(맞아).

　　2 그래?

　　3 그렇지(그렇네).

「もう少し、前の方に行かない？」は、相手に一緒に前の方に行こうと誘っている。「そうだね」の「ね」は、誘いに同意する表現。

2 「そうなの？」は、「これは〜ですよ」などの新しい情報をもらった時、それが本当かどうか聞く時のカジュアルな表現。

「もう少し、前の方に行かない？ 좀 더 앞쪽으로 가지 않을래?」는 상대에게 함께 앞쪽으로 가자고 권하는 표현이다. 「そうだね 그렇지, 그렇네」의「ね」는 권유에 동의하는 표현이다. →「권유하기」 78p

2「そうなの？ 그래?」는「これは〜ですよ 이것은 ~예요」등의 새로운 정보를 얻었을 때, 그것이 정말인지 어떤지 물을 때 쓰는 캐주얼한 표현이다.

6ばん　정답　1　　39p

스크립트　🔊056

男：このパンフレット、お持ち帰りになりますか。
女：1　あ、ありがとうございます。
　　2　はい、お持ち帰りになります。
　　3　いえ、お持ち帰りになりません。

남: 이 팸플릿, 가져가시겠습니까?
여: 1 아, 감사합니다.
　2 네, 가져가시겠습니다.
　3 아니오, 가져가시지 않겠습니다.

해설

「お持ち帰りになりますか」は相手に勧める表現。2と3は尊敬語なので、自分の行為には使わない。

「お持ち帰りになりますか 가져가시겠습니까?」는 상대에게 권하는 표현이다. 2와 3은 존경어이므로 자신의 행위에는 사용하지 않는다. →「경어(존경어)」 62p

女：この書類、ペンで書けって書いてある。
男：1　ペンで書いちゃいけないのか。
　　　2　あ、ペンじゃ書けないんだね。
　　　3　え、鉛筆しか持ってないよ。

여: 이 서류, 펜으로 쓰라고 적혀 있어.
남: 1 펜으로 쓰면 안 되는 걸까?
　　2 아, 펜으로는 쓸 수 없네.
　　3 이런, 연필밖에 없어.

해설

「ペンで書けって書いてある」はペンで書かなければいけないということ。「鉛筆しか持ってないよ」は鉛筆しか持っていないから書けなくて困っていることを表す表現。
1　「ペンで書いちゃいけない」は「ペンで書いてはいけない」という意味。
2　「ペンじゃ書けない」は「ペンでは書くことができない」という意味。

「ペンで書けって書いてある 펜으로 쓰라고 적혀 있어」는 펜으로 쓰지 않으면 안 된다는 것이다.「鉛筆しか持ってないよ 연필밖에 없어」는 연필밖에 가지고 있지 않기 때문에 쓸 수 없어서 곤란하다는 것을 나타내는 표현이다.
1「ペンで書いちゃいけない」는「ペンで書いてはいけない 펜으로 쓰면 안 된다」라는 의미이다.
2「ペンじゃ書けない」는「ペンでは書くことができない 펜으로는 쓸 수 없다」라는 의미이다.

1ばん　　정답　2

40p

스크립트　🔊059

おとこ ひと　 おんな ひと　　はな
男の人と女の人が話しています。女の人はパーティーにどのネクタイが一番いいと言い
ましたか。

おとこ　 ともだち　けっこん
男：友達の結婚パーティーにこのスーツを着ていこうと思っているんだけど、どう思
う？

おんな
女：うーん、ちょっと地味なんじゃない？　先週の日曜日に着た紺色のスーツのほうが
いいよ。

おとこ
男：やっぱりそうか。じゃあ、そうしよう。あと、ワイシャツはこの薄い黄色ので
……。ネクタイは……。この青いのと、この緑のと、どっちがいいと思う？

おんな
女：こっちの青のほうがスーツに合うと思う。明るい色だし、白い模様がきれいだし。

おとこ
男：そうかあ。緑色、好きなんだけどな。

おんな
女：じゃあ、この緑と青のしまのネクタイは？

おとこ
男：うーん。ちょっと派手すぎるよ。

おんな
女：そんなことないと思うけど。

おとこ
男：それよりはさっきの青のほうがいいな。

おんな
女：うん、やっぱりそれがいいよ。

おんな ひと
女の人はパーティーにどのネクタイが一番いいと言いましたか。

남자와 여자가 이야기하고 있습니다. 여자는 파티에 어떤 넥타이가 가장 괜찮다고 말했습니까?

남: 친구 결혼 파티에 이 정장을 입고 가려고 생각하는데 어떻게 생각해?

여: 음… 조금 수수하지 않아? 지난주 일요일에 입은 남색 정장이 더 나아.

남: 역시 그럴까? 그럼, 그렇게 할게. 그럼 와이셔츠는 이 연한 노랑색으로 하고……. 넥타이는……. 이 파란색과 이 초록색,
어느 쪽이 좋은 거 같아?

여: 이 쪽 파란색이 정장에 어울릴 것 같아. 밝은 색이고 하얀 모양이 예쁘고.

남: 그래? 초록색을 좋아하기는 하는데.

여: 그럼, 이 초록색과 파란색의 줄무늬 넥타이는?

남: 음… 좀 너무 화려해.

여: 그렇지 않은 것 같은데.

남: 그것보다는 아까 파란색이 더 나은 것 같다.

여: 응, 역시 그게 나아.

여자는 파티에 어떤 넥타이가 가장 괜찮다고 말했습니까?

해설

男の人は「それよりはさっきの青のほうがいい」と言っている。「それ」は緑と青のしまのネクタイのことを指している。そのあと、女の人が「うん、やっぱりそれがいいよ」と言っている。こちらの「それ」は青いネクタイ。

남자는 '그것보다는 이까 파란색이 더 나아'라고 말하고 있다. 「それ 그것」은 초록색과 파란색 줄무늬 넥타이를 가리키고 있다. 그 뒤 여자가 '응, 역시 그게 나아'라고 말하고 있다. 여기서 「それ 그것」은 파란색 넥타이를 가리킨다. → 「서론」 88p 「다음에 무엇이 올지 예측 가능한 표현」 89p

2ばん　정답　4　40p

스크립트　🔊060

大学で女の人と男の人が話しています。男の人は何が大変だと言っていますか。

女：山田さん、どうしたの？

男：ああ……。大変なことになっちゃった。

女：さっきの雨に降られた？ ものすごい雨だったね。服もかばんもぬれた上に傘が壊れたって、小山さんが言ってたよ。

男：ううん、ぼくは地下を通ってきたからそれは平気だった。喫茶店でね、水をこぼしちゃったんだよ。

女：ええっ。服にかかったの？

男：服ならまだいいよ。パソコンにかかっちゃって、だめになっちゃったんだ。

女：うわあ。それはショックだ。

男：ま、先生から借りた本は無事だったんだけどね。パソコンがねえ……。

女：でも、大切な本は大丈夫だったから、まだよかったじゃない。

男：うん。そうだね。

男の人は何が大変だと言っていますか。

대학에서 여자와 남자가 이야기하고 있습니다. 남자는 무엇이 큰일이라고 합니까?

여: 야마다 씨, 무슨 일 있어?

남: 아…… 큰일 났어.

여: 아까 비 맞은 거야? 비가 엄청 쏟아졌지? 옷도 가방도 젖은 데다가 우산이 고장 났다고 고야마 씨가 말했어.

남: 아니, 나는 지하도를 통해서 왔기 때문에 그건 괜찮았어. 찻집(카페)에서 말이지, 물을 쏟아 버렸어.

여: 뭐라고? 옷에 쏟았어?

남: 옷이라면 차라리 나아. 컴퓨터에 쏟아져서 못 쓰게 돼 버렸어.

여: 우와, 그건 쇼크인데.

남: 뭐, 선생님께 빌린 책은 무사했지만. 컴퓨터가…….

여: 그래도 중요한 책은 괜찮으니까 그나마 다행이지 않아?

남: 응. 그러네.

남자는 무엇이 큰일이라고 합니까?

해설

パソコンは「だめになっちゃった」と言っている。「だめになる」は壊れるという意味。

1 傘が壊れたのは小山さんで、男の人ではない。

2 男の人は「地下を通ってきたからそれは平気だった」と言っている。この場合の「それ」は雨のこと。

3 男の人は先生から借りた大切な本は無事だったと言っている。

컴퓨터는「だめになっちゃった 못 쓰게 돼 버렸다」고 말하고 있다.「だめになる」는 '망가지다, 고장 나다'라는 의미이다. →「구어체」68p

1 우산이 고장 난 것은 고야마 씨로, 남자가 아니다.

2 남자는 '지하도를 지나와서 그건 괜찮았다'라고 말하고 있다. 이 경우의「それ 그것」은 비를 가리킨다.

3 남자는 선생님에게 빌린 중요한 책은 무사했다고 말하고 있다.

3ばん　　정답　3

40p

スクリプト　🔊061

女の人と男の人が話しています。男の人はどうして会社をやめましたか。

女：高橋さん、最近どう？ 会社忙しい？

男：いやあ、実はさあ、先月やめたんだ。

女：え、そうなの？ やっぱり忙しすぎるから？ 休みがないって高橋さん、言ってたよね。

男：いや、そうじゃなくて。

女：ああ、給料？ 私もね、前の会社やめたのは、給料が安すぎたからなの。今の会社は、給料が2倍になったよ。

男：いや、実はさあ、妻の会社を手伝うことになって。

女：へえ。そうかあ。で、何の会社？

男：外国人の就職を手伝う会社なんだ。日本の会社で働きたい外国人を企業に紹介するんだ。書類の書き方や面接での話し方を教えたりして。

女：ああ、高橋さん、ずっと就職の面接を担当してたから、日本企業がどんな人を採りたいのか、よくわかるでしょう。

男：うん、それで、妻に手伝ってほしいって言われて。まだ小さい会社だから、給料も前よりだいぶ下がっちゃうけどね。でも、おもしろいよ。

男の人はどうして会社をやめましたか。

여자와 남자가 이야기하고 있습니다. 남자는 왜 회사를 그만두었습니까?

여: 다카하시 씨, 요즘 어때? 회사 바빠?

남: 아니. 실은 지난달에 그만뒀어.

여: 아, 그래? 역시 너무 바빠서? 쉬는 날이 없다고 다카하시 씨가 말했었잖아.

남: 아니, 그게 아니라….

여: 아, 급여? 나도 말이지. 전의 회사 그만둔 건 급여가 너무 적어서였어. 지금 회사는 급여가 두 배가 됐어.

남: 아니, 실은 말이야, 아내의 회사를 돕게 돼서.

여: 오, 그렇구나. 근데 무슨 회사야?

남: 외국인의 취업을 돕는 회사야. 일본 회사에서 일하고 싶은 외국인을 기업에 소개하는 거야. 서류 직성법이나 면접에서 말하는 방법을 가르치거나 해.

어. 아, 다카하시 씨, 계속 취업 면접을 담당했으니까 일본 기업이 어떤 사람을 뽑고 싶어 하는지 잘 알겠다.

남: 응. 그래서, 아내가 도와 달라고 해서. 아직 작은 회사라 급여도 전보다 상당히 줄었지만, 그래도 재미있어.

남자는 왜 회사를 그만두었습니까?

해설

「実は」は今まで言っていなかった大事なことを話す時に使う前置きのことば。そのあとに続く「妻の会社を手伝うことになって」が男の人の会社をやめた理由。

「実は 실은」은 지금까지 말하지 않은 중요한 것을 말할 때 쓰는 서론의 말이다. 그다음에 이어지는 '아내의 회사를 돕게 돼서'가 남자가 회사를 그만 둔 이유이다.

→「서론」 88p

44

4ばん　　정답　1

41p

스크립트 🔊063

だいがく なか
大学の中でスマホを落としました。事務室の人に何と言いますか。
おとこ
男： 1　すみません、スマホをなくしちゃったんですけど。

　　　 2　すみません、スマホを拾ったんですけど。

　　　 3　すみません、スマホを探しましょうか。

대학교 안에서 스마트폰을 잃어버렸습니다. 사무실 직원에게 뭐라고 말합니까?
남: 1 실례합니다. 스마트폰을 잃어버렸는데요.
　　2 실례합니다. 스마트폰을 주웠는데요.
　　3 실례합니다. 스마트폰을 찾아 드릴까요?

해설

「なくしちゃった」は、「なくしてしまった」の話
しことば。
2　拾ったスマホを事務室に届ける時に言う表現。
3　だれかのためにスマホを探すことを申し出る
時に言う表現。

「なくしちゃった」는「なくしてしまった 잃어버렸다」의 구어체이다. →「구어체」 68p 「말끝을 흐리는 표현」 87p
2 주운 스마트폰을 사무실에 가져다 줄 때(신고할 때), 말하는 표현이다.
3 누군가를 위해 스마트폰을 찾는 것을 자청할 때 하는 표현이다. →「자청하기」 77p

5ばん　　정답　3

41p

스크립트 🔊064

まえ ある ひと み なん い
前を歩いている人のかばんを見て、何と言いますか。
おとこ
男： 1　あの、かばん、開いたんですよ。

　　　 2　あの、かばん、開けてますよ。

　　　 3　あの、かばん、開いてますよ。

앞을 걷고 있는 사람의 가방을 보고 뭐라고 말합니까?
남: 1 저기, 가방 열렸어요.
　　2 저기, 가방 열고 있어요.
　　3 저기, 가방 열려 있어요.

1 「開いた」は、かばんが自然に開いた時に使う表現で、かばんが開いていることを相手に知らせる時には使えない。

2 「開けている」は、だれかが今、かばんを開ける動作をしているという意味。

→「口語体」 68p 「〜てある/〜ておく/〜ている」 85p

1 「開いた 열렸다」는 가방이 저절로 열렸을 때 사용하는 표현으로, 가방이 열려 있는 것을 상대에게 알려 줄 때에는 사용할 수 없다.

2 「開けている 열고 있다」는 누군가가 지금, 가방을 여는 동작을 하고 있다는 의미이다.

6ばん 정답 2

41p

注文した料理が来ません。店の人に何と言いますか。

女： 1 すみません。Ａランチをまだ注文してないんですが。

2 すみません。Ａランチを頼んだんですけど。

3 すみません。Ａランチをもう一つお願いします。

주문한 요리가 나오지 않습니다. 점원에게 뭐라고 합니까?

여: 1 저기요. A런치를 아직 주문하지 않았는데요.

2 저기요. A런치를 주문했는데요.

3 저기요. A런치를 하나 더 부탁해요.

「Ａランチを頼んだんですけど」はそのあとに「まだ来ない」が続く。

1 もう注文したので、「まだ注文してない」は正しくない。

3 注文した料理が来ないことを言いたいので、「もう一つ」頼む必要はない。

「Ａランチを頼んだんですけど A런치를 주문했습니다만」은 그 뒤에 「まだ来ない 아직 나오지 않는다」가 이어진다. →「말끝을 흐리는 표현」 87p

1 벌써 주문했기 때문에 「まだ注文してない 아직 주문하지 않았다」는 바르지 않다.

→「口語体」 68p

3 주문한 요리가 나오지 않는 것을 말하고 싶기 때문에 「もう一つ 하나 더」 부탁(주문)할 필요는 없다.

10회

1ばん　　정답　4

스크립트　🔊 067

女の人が男の人とデパートで話しています。二人は何を買いますか。

女：青木さんの赤ちゃんのプレゼント、何がいいかな。

男：この小さい人形の家族は？　お父さんとかお母さんとかすっごくかわいいよ。

女：でも、これ、口に入れたら大変なことになるよ。

男：ああ、そうか。じゃ、この服はどう？　着やすそうだし、かわいい絵が描いてあるよ。

女：でも、これはちょっと大きいよ。1歳用だよ。まだ生まれて1か月でしょう？　赤ちゃんの本とかは？

男：うーん、それもまだ早いよ。

女：うん。……ああ、このウサギの人形、いいなあ。……でも、ちょっと大きすぎるか。それにすごく高い。赤ちゃんのプレゼントといっても、ほんとにいろいろあるなあ。

男：そうだね。うーん、やっぱり着るものにしよう。子どもはすぐに大きくなるから。

女：うん、そうしよう。

二人は何を買いますか。

여자가 남자와 백화점에서 이야기하고 있습니다. 두 사람은 무엇을 삽니까?

여: 아오키 씨 아기 선물, 뭐가 좋을까?

남: 이 작은 인형 가족은? 아빠랑 엄마가 굉장히 귀여워.

여: 하지만 이거, 입에 넣으면 큰일 나.

남: 아, 그런가? 그럼, 이 옷은 어때? 입기 쉬울 것 같고 귀여운 그림이 그려져 있어.

여: 그런데 이건 좀 커, 1세용이야. 아직 태어난 지 한 달밖에 안됐잖아. 아기 책 같은 건 어때?

남: 음… 그것도 아직 일러.

여: 응. 아~ 이 토끼 인형 괜찮을 것 같은데. 그렇지만 좀 너무 클까? 게다가 엄청 비싸다. 아기 선물이라고 해도 정말 여러 가지가 있네.

남: 그렇네. 음… 역시 입는 것으로 하자. 아이는 금방 자라니까.

여: 응, 그렇게 하자.

두 사람은 무엇을 삽니까?

「やっぱり」と言って意見を変え、前に言ったもの（服）にした。

1 赤ちゃんが小さい人形を口に入れたら大変なことになるので、買わない。

2 大きすぎるし、高いので買わない。

3 早すぎるので、買わない。

「やっぱり역시」라고 하며 의견을 바꿔 앞에 말한 것（옷）으로 했다.

→「다음에 무엇이 올지 예측 가능한 표현」89p

1 아기가 작은 인형을 입에 넣으면 큰일 나기 때문에 사지 않는다.

2 너무 크고 비싸서 사지 않는다.

3 너무 일러서 사지 않는다.

2ばん　정답　2

42p

스크립트　🔊068

レストランでレストランの人と女の人が話しています。女の人が食べられないのは、何ですか。

男：お客様、何か召し上がれないものがありましたら、おっしゃってください。

女：えーと、クリームが苦手なんですが……。

男：はい。では、牛乳を使ったものもお出ししないほうがよろしいでしょうか。

女：牛乳は、料理の中に入っていれば大丈夫です。そのままは飲めないんですけど……。

男：あの、チーズなどは……。

女：チーズは好きです。クリームだけ。あの、スープに入っているのとか、ケーキのクリームはちょっと……。

男：かしこまりました。

女：あ、でも、アイスクリームは大丈夫です。

男：承知しました。

女の人が食べられないのは、何ですか。

레스토랑에서 레스토랑 점원과 여자가 이야기하고 있습니다. 여자가 못 먹는 것은 무엇입니까?

남: 고객님, 무언가 못 드시는 것이 있으시면 말씀해 주세요.

여: 저… 크림을 잘 못 먹는데요…….

남: 네. 그럼 우유를 사용한 것도 내지 않는 편이 좋을까요?

여: 우유는 음식 안에 들어 있으면 괜찮습니다. 그대로는 못 마십니다만…….

남: 저, 치즈 같은 것은…….

여: 치즈는 좋아합니다. 크림만이에요. 저, 수프에 들어 있거나, 케이크의 크림은 좀…….

남: 알겠습니다.

여: 아, 그런데 아이스크림은 괜찮습니다.

남: 알겠습니다.

여자가 못 먹는 것은 무엇입니까?

해설

「クリームが苦手」、「スープに入っているのとか、ケーキのクリームはちょっと……」と言っている。苦手は、好きではないという意味。

'크림을 잘 못 먹는다', '수프에 들어 있거나, 케이크 크림은 좀……'이라고 말하고 있다. 「苦手」는 「好きではない 좋아하지 않는다」는 의미이다.

→ 「말끝을 흐리는 표현」 87p

3ばん   정답 3   42p

스크립트   🔊 069

女の人が友達のローラさんと話しながら、インターネットで買い物をしています。女の人は、何を買いましたか。

女1：ねえ、この赤いワンピース、かわいいと思わない？ 買おうかな。いくら？……あ、5,000円だ。高いな。ローラ、どう思う？

女2：こっちは？ ピンクだけど。3,500円。

女1：それ、ブラウスでしょう？ ワンピースがいいんだ。

女2：そうなの？ このブラウス、ジーンズの上に着たらかわいいと思うけど。

女1：来週、たけし君のうちに遊びに行く時に着たいんだ。たけし君の家族にも会うから、かわいいワンピースがいいと思って。

女2：えー？ それじゃ、赤じゃないのにしたら？ 青いワンピースとか、茶色のジャケットとスカートとか、もっと地味なほうがいいと思うけど。

女1：私、青とか、茶色とか、似合わないんだよね。

女2：そんなことないんじゃない？ この青いワンピース、花がついててかわいいし、さっきの赤いのより似合うと思うけど。

女1：そう？ じゃ、これにしよう。

女の人は、何を買いましたか。

여자가 친구인 로라 씨와 이야기 하면서 인터넷 쇼핑을 하고 있습니다. 여자는 무엇을 샀습니까?

여1: 있잖아, 이 빨간색 원피스 귀엽지 않아? 살까? 얼마지? …… 아, 5,000엔이다. 비싸네. 로라, 어떻게 생각해?

여2: 이쪽 건? 핑크색인데 3,500엔이야.

여1: 그건 블라우스잖아, 원피스가 사고 싶어.

여2: 그래? 이 블라우스, 청바지 위에 입으면 귀여울 것 같은데.

여1: 다음 주, 다케시네 집에 놀러 갈 때 입고 싶어. 다케시 가족도 만나니까 귀여운 원피스가 괜찮을 것 같아서.

여2: 그래? 그럼 빨간색이 아닌 것으로 하면? 파란색 원피스라든지 갈색 재킷과 스커트라든지, 좀 더 수수한 색이 괜찮을 것 같은데.

여1: 나, 파란색이나 갈색이 잘 안 어울러.

여2: 안 그럴 것 같은데? 이 파란색 원피스, 꽃이 있고 귀여워서 방금 전 빨간색보다 잘 어울릴 것 같은데.

여1: 그래? 그럼 이걸로 하자.

여자는 무엇을 샀습니까?

| 해설 |

赤いワンピースより似合うと言われたので、青いワンピースにした。

1　はじめは赤いワンピースがほしかったが、友達に「赤じゃないのにしたら？（＝赤じゃないワンピースはどうか）」と言われて、考えが変わった。

2・4　ブラウス、ジャケットは買うつもりはない。ワンピースを買うつもりだ。

빨간색 원피스보다 어울린다고 해서 파란색 원피스로 했다. →「조언, 충고」 80p

1 처음에는 빨간색 원피스를 원했지만 친구에게 '빨간색이 아닌 것으로 하면? (=빨간색이 아닌 원피스는 어때?)'이라고 듣고 생각이 바뀌었다.

2・4 블라우스, 재킷은 살 생각은 없다. 원피스를 살 생각이다.

4ばん　정답　3

43p

| 스크립트 |　🔊 071

事務室から出たいです。同僚の人に何と言いますか。

男：1　高木さん、すみません。ドア、開けましょうか。

　　2　高木さん、すみません。ドア、閉まりますよ。

　　3　高木さん、すみません。ドア、開けてもらえますか。

사무실에서 나오고 싶습니다. 동료에게 뭐라고 말합니까?

남: 1 다카기 씨, 죄송합니다. 문, 열어 드릴까요?

　　2 다카기 씨, 죄송합니다. 문, 닫혀요.

　　3 다카기 씨, 죄송합니다. 문, 열어 주시겠어요?

「〜てもらえますか」は「私のために〜してくださ
い」という意味。

1 「ドア、開けましょうか」は自分がだれかのた
   めにドアを開けることを申し出る時に言う。

2 「ドア、閉まりますよ」は、これからドアが閉
   まるという意味。

「〜てもらえますか」는 '저를 위해서 ~해 주세요'라
는 의미이다. →「의뢰하기」 74p

1「ドア、開けましょうか」는 자신이 누군가를 위
  해 문을 여는 것을 자청할 때 말한다.
  →「자청하기」 77p

2「ドア、閉まりますよ」는 앞으로 문이 닫힌다는
  의미이다.

5ばん　　정답　1 　　　　　　　　　　43p

スクリプト　🔊072

友達と一緒にカラオケに行きたいです。何と言いますか。
女：1　カラオケ、行こうよ。
　　2　カラオケ、行くよ。
　　3　カラオケ、行かないよ。

친구와 함께 노래방에 가고 싶습니다. 뭐라고 말합니까?
여: 1 노래방 가자.
　　2 노래방 간다.
　　3 노래방 가지 않을 거야.

해설

「行こうよ」は「行きましょう」のカジュアルな言
い方。誘う時の表現。

2 「行くよ」は自分が行くという意味。

3 「行かないよ」は「（私は）行きませんよ」と
   いう意味。

「行こうよ」는「行きましょう 갑시다」의 캐주얼한
말투이다. 권할 때 쓰는 표현이다. →「권유하기」 78p

2「行くよ」는 자신이 간다는 의미이다.

3「行かないよ」는「（私は）行きませんよ（나는）
  가지 않아요」라는 의미이다.

スクリプト　🔊 073

先生に会いに来ましたが、先生は出かけるところです。先生に何と聞きますか。

男：1　何時におりますか。

　　　2　何時に戻られますか。

　　　3　何時にお出かけになりますか。

선생님을 만나러 왔는데, 선생님은 지금 막 외출하려고 합니다. 선생님께 뭐라고 물어봅니까?

남: 1 몇 시에 있습니까?

　　2 몇 시에 돌아오십니까?

　　3 몇 시에 외출하십니까?

해설

先生に用事があるので、先生がいつ部屋に戻るかを知りたい時に言う表現。

1　「おります」は「います」の謙譲語なので、先生がする動作について言うことはできない。

3　先生は出かけるところなので、今この質問はしない。

선생님께 용무가 있으니 선생님이 언제 방으로 돌아오시는지 알고 싶을 때 말하는 표현이다.

→「경어(존경어)」 62p

1 「おります」는 「います 있습니다」의 겸양어이기 때문에 선생님이 하는 동작에 대해서 말할 수 없다.

3 선생님은 지금 막 외출하려고 하기 때문에 지금 이 질문은 하지 않는다.

1ばん　정답　3

44p

스크립트　🔊 075

_{おんな} _{ひと} _{おとこ} _{ひと} _{はな}
女の人と男の人が話しています。

_{おんな}
女：この花、かわいいね。どうしたの？

_{おとこ}
男：うん。この間、会社のパーティーで余ってたのをもらったんだ。

_{おんな}
女：でも、ちょっと元気がないんじゃない？

_{おとこ}
男：そうなんだ。毎日水を換えているんだけど。もう終わりかなあ。そろそろ捨てたほ
　　うがいいね。

_{おんな}
女：えー！　もう少し、短く切ってみたら？　水を吸う力が強くなるんじゃない？

男：そうかなあ。

_{おんな}
女：それから、窓のそばじゃなくて、もっと部屋の中に置いたほうがいいよ。日が当た
　　ると花によくないから。

_{おとこ}
男：わかった。やってみる。

_{おんな} _{ひと} _{なに} _{はな}
女の人は何について話していますか。

1　どの花が一番かわいいか　　　　2　どうして花は元気がないのか

3　どうしたら花が元気になるか　　4　どこに置いたら花がきれいか

여자와 남자가 이야기하고 있습니다.

여: 이 꽃, 예쁘네, 무슨 일이야?

남: 응, 지난번 회사 파티에서 남은 것을 받은 거야.

여: 그런데, 약간 시든 것 같지 않아?

남: 맞아. 매일 물을 바꾸고 있기는 한데, 이제 끝이려나. 슬슬 버리는 편이 낫겠지?

여: 에~ 벌써? 조금 더 짧게 잘라 보면 어때? 물을 빨아들이는 힘이 강해지지 않을까?

남: 그럴까?

여: 그런 다음, 창 옆이 아니라 좀 더 방 안에 두는 게 좋아. 햇볕이 닿으면 꽃에 좋지 않으니까.

남: 알겠어. 해 볼게.

여자는 무엇에 대해 이야기하고 있습니까?

1 어느 꽃이 가장 예쁜지   2 어째서 꽃은 기운이 없는지
3 어떻게 하면 꽃이 싱싱해질지   4 어디에 놓으면 꽃이 예쁠지

해설

女の人は花について「短く切ってみたら?」「部屋の中に置いたほうがいい」と男の人にアドバイスしている。これは両方とも花を元気にする方法である。

여자는 꽃에 대해서 '짧게 잘라 보면 어때?', '방 안에 두는 편이 좋아'라고 남자에게 조언하고 있다. 이것은 양쪽 다 꽃을 싱싱하게 하는 방법이다.
→「조언, 충고」 80p

2ばん   정답 3   44p

스크립트   🔊076

男の人と女の人が話しています。

男:ちょっと相談したいことがあるんだけど。

女:何?

男:実はさあ、あした、彼女の誕生日だから、何かおいしいものを作って、びっくりさせたいんだ。

女:あ、いいね。で、何作るの?

男:それなんだよ。何がいいと思う? 喜びそうな料理って何かな。

女:うーん、彼女は何が好きなの? というより、山下君は、何が作れるの?

男:普段作ってるのは、カレーとか、パスタとか、ラーメンとか……。

女:そっか……。それもいいけど、誕生日だから、何か、もう少しごちそうっていう感じのものがいいんじゃない? すき焼きは?

男:え? 作ったことないけど……。

女:大丈夫。浅い鍋があれば、だれでもできるよ。

男:本当? じゃ、そうするよ。

二人は何について話していますか。

1 山下さんの彼女

2 山下さんの彼女が好きな食べ物

3 山下さんが彼女のために作る料理

4 山下さんが作れる料理の種類

남자와 여자가 이야기하고 있습니다.

남: 잠시 상의하고 싶은 게 있는데.
여: 뭔데?
남: 실은 말이야, 내일 여자 친구 생일이라서 뭔가 맛있는 것을 만들어서 놀라게 해주고 싶어.
여: 아, 좋네. 그래서 뭐 만들 건데?
남: 그러니까. 뭐가 좋을 것 같아? 기뻐할 만한 음식이 뭘까?
여: 음… 여자 친구는 뭐 좋아하는데? 아니 그것보다, 야마시타는 뭘 만들 수 있어?
남: 평소 만드는 것은 카레라든가, 파스타라든가, 라면이라든가…….
여: 그래? 그것도 좋지만, 생일이니까 뭔가 조금 더 대접한다는 느낌이 드는 게 좋지 않을까? 스키야키는?
남: 응? 만들어 본 적 없는데…….
여: 괜찮아. 얕은 냄비가 있으면 누구라도 만들 수 있어.
남: 정말? 그럼, 그렇게 할게.

두 사람은 무엇에 대해 이야기하고 있습니까?

1 야마시타 씨의 여자 친구
2 야마시타 씨의 여자 친구가 좋아하는 음식
3 야마시타 씨가 여자 친구를 위해 만들 요리
4 야마시타 씨가 만들 수 있는 요리의 종류

해설

「実は」は大事なことを話す時に使う前置きのことば。そのあとに続く「彼女の誕生日だから、何かおいしいものを作って」が重要。

「実は 실은」은 중요한 것을 말할 때에 사용하는 서론의 말이다. 그 뒤에 이어지는 '여자 친구 생일이라서, 뭔가 맛있는 것을 만들어서'가 중요한 부분이다.
→ 「다음에 무엇이 올지 예측 가능한 표현」 89p

3 ばん   정답 3

44p

스크립트 🔊 077

女の人と男の人が話しています。

女：今度の土曜日、久しぶりに海でも行こうよ。
男：うーん。仕事で疲れてるからなあ。のんびりうちで……。
女：おいしい魚も食べられるよ。
男：そうかあ。魚釣りもできるね。最近、魚釣り行ってないなあ。
女：そうだよ。天気は……。あー、土曜日も日曜日も雨だ。
男：本当だ。雨の日に海はいやだよ。うちで……。
女：えー、じゃあ、映画はどう？ 前から見たいって言ってたあの映画、近くでやってるよ。映画なら雨でもいいんじゃない？

男：うーん、きっと混んでるよ。

女：もう、じゃあ、いいよ。

男の人は週末何をしたいと思っていますか。

1 魚釣りに行きたい　　2 映画を見に行きたい

3 家でゆっくりしたい　　4 仕事をしたい

여자와 남자가 이야기하고 있습니다.

여: 이번 토요일, 오랜만에 바다라도 가자.

남: 음… 일 때문에 피곤하니까 느긋하게 집에서…….

여: 맛있는 생선도 먹을 수 있어.

남: 그래? 낚시도 할 수 있지? 최근에 낚시도 못 가고 있네.

여: 그렇다니까. 날씨는……. 아, 토요일도 일요일도 비가 오네.

남: 그렇네. 비 오는 날 바다는 싫어. 집에서…….

여: 뭐야. 그럼 영화는 어때? 전부터 보고 싶다던 그 영화, 근처에서 하고 있어. 영화라면 비 와도 괜찮지 않아?

남: 음… 분명히 붐빌 거야.

여: 아, 정말! 그럼 됐어.

남자는 주말에 무엇을 하고 싶다고 생각하고 있습니까?

1 낚시를 가고 싶다　　　　2 영화를 보러 가고 싶다

3 집에서 느긋하게 있고 싶다　　4 일을 하고 싶다

해설

男の人は仕事で疲れているから、家でのんびりしたいと言っている。女の人の「じゃあ、いいよ」は自分の意見は諦めたから、相手の意見でもかまわないという意味。女の人の少し怒っている気持ちを表している。

남자는 일 때문에 피곤해서 집에서 느긋하게 있고 싶다고 말하고 있다. 여자의 '그럼, 됐어'는 자신의 의견은 포기했으니 상대의 의견이라도 상관없다는 의미이다. 여자가 조금 화가 나 있는 기분을 표현하고 있다.

→「인토네이션(3)」72p

스크립트　🔊 079

男：そのコピー機、課長が使うなって。

女：1　はい、課長に伝えます。

　　　2　では、使わせていただきます。

　　　3　え？　なぜですか。

남: 그 복사기, 과장님이 사용하지 말래.

여: 1 네, 과장님에게 전하겠습니다.

　　2 그럼 사용하겠습니다.

　　3 네? 왜요?

해설

「使うな」は「使う」の禁止形。「なぜですか」は禁止された理由を聞く表現。

1　課長が「使うな」と言ったので、課長に伝える必要はない。

2　「使うな」と言われたのに、「使わせていただきます（＝使います）」とは言わない。

「使うな 사용하지 마」는「使う 사용하다」의 금지형이다. 「なぜですか 왜요?」는 금지된 이유를 묻는 표현이다. → 「금지하기」 84p 「인용」 86p

1 과장님이 '사용하지 마'라고 했기 때문에 과장님에게 전달할 필요는 없다.

2 「使うな 사용하지 마」라고 했는데 「使わせていただきます（＝使います） 사용하겠습니다」라고는 하지 않는다.

5ばん　　정답　1

스크립트　🔊 080

女：あ、このおかし、気に入った？　じゃ、あしたも作ってくるね。

男：1　いや、いいよ。忙しいでしょう？

　　　2　いいよ。作ってあげるね。

　　　3　いいね。作ってみるね。

여: 앗, 이 과자 마음에 들어? 그럼, 내일도 만들어 올게.

남: 1 아니, 괜찮아. 바쁘잖아.

　　2 좋아. 만들어 줄게.

　　3 좋네. 만들어 볼게.

下降イントネーションの「いいよ」は、遠慮する
時、あるいは、相手に悪いから断る時に使う。

2　上昇イントネーションの「いいよ」は、承諾
の意味。男の人が作るという意味になる。

3　「いいね」と女の人が作ってくることに賛成し
ているのに、「作ってみるね」は男の人が作る
という意味なので不適切。

하강 인토네이션의 「いいよ 괜찮아」는 사양할 때, 또
는 상대에게 미안해서 거절할 때 사용한다.
→「인토네이션(3)」 72p

2 상승 인토네이션의 「いいよ」는 승낙의 의미이다.
남자가 만든다는 의미가 된다.

3 「いいね 좋네」라고 여자가 만들어 오는 것에 찬성
하고 있는데, 「作ってみるね 만들어 볼게」라고 하
면 남자가 만든다는 의미가 되기 때문에 부적절하
다.

6ばん　　정답　2　　　　　　　　　　　　　　　45p

스크립트　🔊081

男：そんなに食べるの？
女：1　少ししか食べられなくて……。
　　2　朝から何も食べてないから。
　　3　おなかいっぱいだから。

남: 그렇게(나) 먹어?
여: 1 조금밖에 못 먹어서…….
　　2 아침부터 아무것도 안 먹어서.
　　3 배가 불러서.

解説

「そんなに」は「そんなにたくさん」という意味。
2は、たくさん食べる理由を説明している。

1　女の人はたくさん食べようとしているのに、
「少ししか食べられない」とは答えられない。

3　おなかがすいているから、たくさん食べよう
としている。「おなかいっぱい」ではない。

「そんなに 그렇게」는「そんなにたくさん 그렇게
많이」라는 의미이다. 2는 많이 먹는 이유를 설명하고
있다.

1 여자는 많이 먹으려고 하고 있는데「少ししか食
べられない 조금밖에 못 먹는다」라고는 대답할 수
없다.

3 배가 고프니 많이 먹으려고 하고 있다. '배가 부른'
것이 아니다.

7ばん　　정답　1

스크립트　🔊082

男：ねえ、ひとみちゃん、コンサートのチケット、当たったんだって？　いいなあ。
女：1　え？　一郎君、だめだったの？
　　2　え？　一郎君も当たったの？
　　3　え？　一郎君はいいなあ。

남: 저기, 히토미, 콘서트 티켓 당첨됐다며? 좋겠다.
여: 1 어? 이치로, 안 됐어?
　　2 어? 이치로도 당첨됐어?
　　3 어? 이치로는 좋겠다.

해설

「いいなあ」と言ったので、男の人は当たらなかったことがわかる。「いいなあ」はうらやましい時に言う表現。

「いいなあ 좋겠다」라고 했기 때문에 남자는 당첨되지 않았다는 것을 알 수 있다. 「いいなあ」는 부러울 때 말하는 표현이다.

1ばん　정답　4

46p

스크립트　🔊084

<ruby>留守番電話<rt>るすばんでんわ</rt></ruby>のメッセージを<ruby>聞<rt>き</rt></ruby>いています。<ruby>男<rt>おとこ</rt></ruby>の<ruby>先生<rt>せんせい</rt></ruby>はどの<ruby>順番<rt>じゅんばん</rt></ruby>で<ruby>大学<rt>だいがく</rt></ruby>を<ruby>案内<rt>あんない</rt></ruby>してほしいと<ruby>言<rt>い</rt></ruby>っていますか。

<ruby>男<rt>おとこ</rt></ruby>：<ruby>朱<rt>しゅ</rt></ruby>さん、<ruby>令和大学<rt>れいわだいがく</rt></ruby>の<ruby>山中<rt>やまなか</rt></ruby>です。<ruby>昨日<rt>きのう</rt></ruby><ruby>話<rt>はな</rt></ruby>したアルバイトだけど、<ruby>中国<rt>ちゅうごく</rt></ruby>の<ruby>留学生<rt>りゅうがくせい</rt></ruby>は11<ruby>時半<rt>じはん</rt></ruby>ごろ<ruby>大学<rt>だいがく</rt></ruby>の<ruby>門<rt>もん</rt></ruby>の<ruby>前<rt>まえ</rt></ruby>に<ruby>来<rt>く</rt></ruby>るから、そこで<ruby>会<rt>あ</rt></ruby>って、<ruby>事務室<rt>じむしつ</rt></ruby>に<ruby>連<rt>つ</rt></ruby>れて<ruby>行<rt>い</rt></ruby>ってほしいんだけど、お<ruby>昼<rt>ひる</rt></ruby>だから、<ruby>食堂<rt>しょくどう</rt></ruby>が<ruby>混<rt>こ</rt></ruby>まないうちに<ruby>先<rt>さき</rt></ruby>にお<ruby>昼<rt>ひる</rt></ruby>ご<ruby>飯<rt>はん</rt></ruby>、<ruby>食<rt>た</rt></ruby>べちゃって。そのあと<ruby>事務室<rt>じむしつ</rt></ruby>に<ruby>案内<rt>あんない</rt></ruby>してください。<ruby>事務室<rt>じむしつ</rt></ruby>で<ruby>大学<rt>だいがく</rt></ruby>の<ruby>説明<rt>せつめい</rt></ruby>をします。それが<ruby>終<rt>お</rt></ruby>わったら、<ruby>図書館<rt>としょかん</rt></ruby>や<ruby>体育館<rt>たいいくかん</rt></ruby>を<ruby>案内<rt>あんない</rt></ruby>してください。<ruby>最後<rt>さいご</rt></ruby>に<ruby>私<rt>わたし</rt></ruby>の<ruby>部屋<rt>へや</rt></ruby>へ<ruby>連<rt>つ</rt></ruby>れてきて。<ruby>日本語<rt>にほんご</rt></ruby>の<ruby>授業<rt>じゅぎょう</rt></ruby>について<ruby>説明<rt>せつめい</rt></ruby>します。あ、<ruby>寮<rt>りょう</rt></ruby>へは、あとで<ruby>私<rt>わたし</rt></ruby>が<ruby>連<rt>つ</rt></ruby>れて<ruby>行<rt>い</rt></ruby>きます。じゃ、よろしくお<ruby>願<rt>ねが</rt></ruby>いします。

<ruby>男<rt>おとこ</rt></ruby>の<ruby>先生<rt>せんせい</rt></ruby>はどの<ruby>順番<rt>じゅんばん</rt></ruby>で<ruby>大学<rt>だいがく</rt></ruby>を<ruby>案内<rt>あんない</rt></ruby>してほしいと<ruby>言<rt>い</rt></ruby>っていますか。

부재중 전화의 메시지를 듣고 있습니다. 남자 선생님은 어떤 순서로 대학을 안내해 주었으면 한다고 말하고 있습니까?

남: 슈 씨, 레이와 대학 야마나카입니다. 어제 이야기한 아르바이트말인데요, 중국인 유학생은 11시 반쯤 대학교 문 앞으로 올 테니까 거기서 만나서 사무실로 데리고 가 주었으면 하는데요, 점심시간이니 식당이 붐비기 전에 먼저 점심을 드세요. 그다음에 사무실로 안내해 주세요. 사무실에서 대학 설명을 할 겁니다. 그게 끝나면 도서관이나 체육관을 안내해 주세요. 마지막에 제 방으로 데리고 와 주세요. 일본어 수업에 대해서 설명하겠습니다. 아, 기숙사에는 나중에 제가 데리고 갈게요. 그럼, 잘 부탁합니다.

남자 선생님은 어떤 순서로 대학을 안내해 주었으면 한다고 말하고 있습니까?

해설

<ruby>食堂<rt>しょくどう</rt></ruby>が<ruby>混<rt>こ</rt></ruby>む<ruby>前<rt>まえ</rt></ruby>に、「<ruby>先<rt>さき</rt></ruby>に」<ruby>食堂<rt>しょくどう</rt></ruby>で<ruby>昼<rt>ひる</rt></ruby>ご<ruby>飯<rt>はん</rt></ruby>を<ruby>食<rt>た</rt></ruby>べて、「そのあと」<ruby>事務室<rt>じむしつ</rt></ruby>へ<ruby>行<rt>い</rt></ruby>く。「それが<ruby>終<rt>お</rt></ruby>わったら」キャンパスを<ruby>回<rt>まわ</rt></ruby>って、「<ruby>最後<rt>さいご</rt></ruby>に」<ruby>先生<rt>せんせい</rt></ruby>の<ruby>部屋<rt>へや</rt></ruby>へ<ruby>連<rt>つ</rt></ruby>れて<ruby>行<rt>い</rt></ruby>く。<ruby>寮<rt>りょう</rt></ruby>へは、<ruby>先生<rt>せんせい</rt></ruby>が<ruby>連<rt>つ</rt></ruby>れて<ruby>行<rt>い</rt></ruby>く。

식당이 붐비기 전에 「先に 먼저」 식당에서 점심을 먹고, 「そのあと 그다음에」 사무실에 간다. 「それが終わったら 그것이 끝나면」 캠퍼스를 돌고, 「最後に 마지막에」 선생님 방으로 데리고 간다. 기숙사에는 선생님이 데리고 간다. →「순번, 차례」 74p

2ばん　　정답　3

スクリプト　🔊 086

男の人がデパートに傘を買いに来ました。男の人はどんな傘を買いますか。

男：わあ、この傘、大きいなあ。

女：いらっしゃいませ。大きい傘をお探しですか。

男：いえ、小さい傘を探しているんですが。

女：では、こちらはどうですか。先ほどのものより少し小さいんですが。とても軽いんですよ。

男：いえ、そういう意味じゃなくて、えーと、何て言ったかな。こう、もっと半分ぐらいになる傘。

女：ああ、折りたたみの傘のことですね。こちらにございます。こちらは、とても軽いタイプです。

男：あ、ほんと、軽いですね。かばんに入れて持って歩くのに便利ですね。

女：それから、こちらは、ワンタッチ傘と言いまして、このボタンを押すと、自動で開くんです。

男：わあ、すごい。便利ですね。これ、いいですね。

女：ええ、とても人気があるんですよ。

男：そうですか。でも、ちょっと重いですね。ぼくは、軽いほうがいいな。

男の人はどんな傘を買いますか。

남자가 백화점에 우산을 사러 왔습니다. 남자는 어떤 우산을 삽니까?

남: 와, 이 우산 크다.

여: 어서 오세요. 큰 우산을 찾으십니까?

남: 아니요. 작은 우산을 찾고 있는데요.

여: 그럼, 이쪽 건 어떠세요? 방금 전 것보다 작지만, 매우 가벼워요.

남: 아니, 그런 뜻이 아니라, 아, 그러니까 뭐라고 했더라. 이렇게 더 절반 정도 되는 우산.

여: 아, 접이식 우산 말씀하시는 거군요. 이쪽에 있습니다. 이쪽은 매우 가벼운 타입입니다.

남: 아, 정말 가볍네요. 가방에 넣어서 가지고 다니기에 편리하겠네요.

여: 그리고 이쪽은 원터치 우산이라고 하며 이 버튼을 누르면 자동으로 펼쳐집니다.

남: 와, 멋지다. 편리하네요. 이거 좋네요.

여: 네, 매우 인기가 있어요.

남: 그래요? 그런데, 좀 무겁네요. 나는 가벼운 게 더 좋은데.

남자는 어떤 우산을 삽니까?

「半分ぐらいになる傘」「ぼくは、軽いほうがいい」と言ったので「軽いタイプの折りたたみ傘」を買う。

1 「大きい傘をお探しですか」と聞かれて、「いえ、小さい傘を探している」と答えている。

2 「少し小さくて軽い傘」を勧められて、「いえ、そういう意味じゃなくて」と答えている。

4 自動で開く傘は「ちょっと重い」「軽いほうがいい」と言っているので、この傘は買わない。

'절반 정도 되는 우산', '나는 가벼운 게 더 좋다'고 말했기 때문에 '가벼운 타입의 접이식 우산'을 산다.

1 '큰 우산을 찾으십니까?'라는 질문에 '아니요, 작은 우산을 찾고 있다'라고 대답하고 있다.

2 '조금 작고 가벼운 우산'을 권하자 '아니요, 그런 의미가 아니라'라고 대답하고 있다.

4 자동으로 펼쳐지는 우산은 '좀 무겁다', '가벼운 쪽이 좋다'라고 말하고 있기 때문에 이 우산은 사지 않는다.

3ばん　　정답　2

46p

스크립트　🔊088

テレビで、レポーターの人が話しています。

男：こんにちは。今日は、北海道の、ある工場に来ています。この工場では、新鮮な牛乳を使って、チーズ、バター、アイスクリームなど、様々なおいしい食品を作っています。なぜ新鮮な牛乳が使えるのかというと、工場のすぐ近くにとても広い牧場があるからなんです。そこには100頭以上の牛がいて、毎朝その牛からとれる牛乳を運んできて、使うんです。工場の隣にある店ではこの新鮮な牛乳を使ったアイスクリームが食べられるんですよ。このアイスクリームを食べに、東京や大阪からも観光客が来るそうです。

この人が一番伝えたいことは何ですか。

1 この工場の近くの牧場に、牛が100頭以上いること
2 この工場で作られる食品には、新鮮な牛乳が使われていること
3 この工場では、チーズなどの様々な食品を作っていること
4 この工場の隣で、アイスクリームが食べられること

TV에서 리포터가 이야기하고 있습니다.

남: 안녕하세요. 오늘은 홋카이도의 한 공장에 와 있습니다. 이 공장에서는 신선한 우유를 사용하여 치즈, 버터, 아이스크림

등, 다양한 맛있는 식품을 만들고 있습니다. 어째서 신선한 우유를 사용할 수 있는가 하면, 공장 바로 근처에 매우 넓은 목장이 있기 때문입니다. 거기에는 100마리 이상의 소가 있고 매일 아침 그 소에서 채취한 우유를 운반해 와서 사용합니다. 공장 옆에 있는 가게에서는 이 신선한 우유를 사용한 아이스크림을 먹을 수 있습니다. 이 아이스크림을 먹으러 도쿄나 오사카에서도 관광객이 온다고 합니다.

이 사람이 가장 전하고 싶은 것은 무엇입니까?

1 이 공장 근처의 목장에 소가 100마리 이상 있는 것
2 이 공장에서 만들어지는 식품에는 신선한 우유가 사용되고 있는 것
3 이 공장에서는 치즈 등의 다양한 식품을 만들고 있는 것
4 이 공장 옆에서 아이스크림을 먹을 수 있는 것

해설

最初に「この工場では、新鮮な牛乳を使って～食品を作っています」と言っており、それがこの話の一番重要な部分。そのあとに、関連する情報として、新鮮な牛乳が使える理由や新鮮な牛乳を使ったアイスクリームについて述べている。

처음에 '이 공장에서는 신선한 우유를 사용하여 ~ 식품을 만들고 있습니다'라고 하고 있는데, 그것이 이 이야기의 가장 중요한 부분이다. 그다음에 관련된 정보로서, 신선한 우유를 사용할 수 있는 이유나 신선한 우유를 사용한 아이스크림에 대해서 말하고 있다.

4ばん　　정답　1

스크립트　🔊090

先輩と待ち合わせをしました。約束の場所に先輩が先に来ていました。何と言いますか。
男： 1　お待たせしてすみません。
　　 2　今日はお疲れ様でした。
　　 3　お先に失礼いたします。

선배와 만나기로 했습니다. 약속 장소에 선배가 먼저 와 있었습니다. 뭐라고 합니까?
남: 1 기다리게 해서 죄송합니다.
　　2 오늘은 수고하셨습니다.
　　3 먼저 실례하겠습니다.

해설

2 「お疲れ様でした」は仕事が終わって別れる時に言う。
3 「お先に失礼いたします」は自分がほかの人より早く帰る時に言う。

→「인사/의례적 표현」 60p 「사과하기」 81p
2 「お疲れ様でした 수고하셨습니다」는 일이 끝나고 헤어질 때에 말한다.
3 「お先に失礼いたします 먼저 실례하겠습니다」는 자신이 다른 사람보다 일찍 집에 돌아갈 때에 말한다.

5ばん　　正答　3

切符の機械が故障しています。駅の人に何と言いますか。
女：1　この機械、壊したと思いますが。
　　2　この機械、壊してるんじゃないですか。
　　3　この機械、壊れてるようなんですが……。

티켓 판매기가 고장 났습니다. 역무원에게 뭐라고 말합니까?
여: 1 이 기계, 고장 낸 것 같은데요.
　　2 이 기계, 고장 내고 있는 것 아닙니까?
　　3 이 기계, 고장 난 것 같은데요…….

해설

「んですが……」のあとには「調べてください」が続く。
1　「壊した」は自分が壊したという意味。
2　「壊してる」の「壊す」は他動詞で、だれかが機械を壊しているという意味。壊れた状態のものを説明する時には、使わない。

「んですが……」의 뒤에는 「調べてください 점검해 주세요」가 이어진다. → 「~어 있다/~해 두다/~어 있다」 85p 「말끝을 흐리는 표현」 87p
1 「壊した」는 자신이 고장 냈다는 의미이다.
2 「壊してる」의 「壊す」는 타동사로, 누군가가 기계를 고장 내고 있다는 의미이다. 고장 난 상태의 물건을 설명할 때에는 사용하지 않는다.

6ばん　　正答　1

男：この服、いいですね。着てみてもいいですか。
女：1　はい、こちらへどうぞ。
　　2　ええ、ご覧ください。
　　3　いえ、着なくてもいいですよ。

남: 이 옷, 괜찮네요. 입어 봐도 됩니까?
여: 1 네, 이쪽으로 오세요.
　　2 네, 봐 주세요.
　　3 아니요, 입지 않아도 괜찮아요.

해설

「着てみてもいいですか」は店などで服を着てもい
いか許可を求める表現。店の人は服を着られる場
所へ案内している。

2 「ご覧ください」は「見てください」の敬語。
服を着てみたい人には使えない。

3 「着なくてもいい」は「着る必要がない」とい
う意味。服を着てみたいお客さんには使えな
い。

「着てみてもいいですか 입어 봐도 됩니까?」는 가
게 등에서 옷을 입어도 되는지 허가를 구하는 표현이
다. 점원은 옷을 입을 수 있는 장소로 안내하고 있다.
→「허가 구하기」 76p

2 「ご覧ください」는「見てください 봐 주세요」
라는 의미의 경어 표현이다. 옷을 입어 보고 싶은 사
람에게는 사용할 수 없다. →「경어(존경어)」 62p

3 「着なくてもいい 입지 않아도 된다」는 '입을 필요
가 없다'는 의미이다. 옷을 입어 보고 싶어 하는 손님
에게는 사용할 수 없다. →「필요/불필요」 79p

7ばん　정답 2

47p

스크립트　🔊 094

男：オレンジジュースか何かない？

女：1　ケーキでいい？

2　りんごジュースならあるわよ。

3　残念。オレンジジュースしかない。

남: 오렌지 주스나 뭐 없어?

여: 1 케이크면 될까?

2 사과 주스라면 있어.

3 아쉽다. 오렌지 주스밖에 없어.

해설

「Aか何か」は、Aと同じようなものを指す。子ど
もはオレンジジュースのような飲み物をほしがっ
ている。

1　子どもは飲み物をほしがっているので、ケー
キ（食べ物）を提案するのは適切ではない。

3　子どもがほしいのは、オレンジジュースのよ
うな飲み物なので、オレンジジュースでもい
い。「残念」と返事するのは不適切。

「Aか何か」는 A와 같은 것을 가리킨다. 아이는 오렌
지 주스 같은 음료수를 원하고 있다.

1 아이는 마실 것을 원하고 있기 때문에 케이크(먹을
것)를 제안하는 것은 적절하지 않다.

3 아이가 원하는 것은 오렌지 주스 같은 마실 것이기
때문에 오렌지 주스라도 괜찮다. '아쉽다'라고 답변
하는 것은 부적절하다.

모의시험

1ばん　정답　4

50p

[스크립트]　🔊 095_02

郵便局で女の人と男の人が話しています。女の人はまず何をしますか。

女：あの、ここにお金を送りたいんですが。

男：ちょっと見せてください。あ、この窓口でも払えますが、ATMでも払えますよ。そのほうが手数料が安いですよ。

女：あ、じゃあ、機械で払います。ATMはどこですか。

男：あそこです。並んでいる方がいらっしゃるので、後ろに並んでお待ちください。で、機械にその紙を入れれば、お金を払うことができます。英語や、中国語の説明に変えられますよ。もし、やってみてわからなかったら、係の人に聞いてください。

女：はい、わかりました。

女の人はまず何をしますか。

우체국에서 여자와 남자가 이야기하고 있습니다. 여자는 먼저 무엇을 합니까?

여: 저, 여기로 돈을 보내고 싶은데요.

남: 잠시 보여 주세요. 아, 여기 창구에서도 지불하실 수 있습니다만, ATM에서도 지불하실 수 있어요. 그 편이 수수료가 저렴합니다.

여: 아, 그럼 기계에서 지불하겠습니다. ATM은 어디에 있습니까?

남: 저기입니다. 줄 서 계신 분들이 있으니 뒤에 줄 서서 기다려 주세요. 그리고, 기계에 그 종이를 넣으면 돈을 지불하실 수 있습니다. 영어나 중국어 설명으로 바꿀 수 있어요. 만약 해 보시고 잘 모르시면 담당자에게 문의해 주세요.

여: 네, 알겠습니다.

여자는 먼저 무엇을 합니까?

[주요 표현 참조]

「で」→「순번, 차례」 74p

스크립트 🔊 095_03

会社で女の人と男の人が話しています。男の人はスライドの何を直しますか。

女：田中さん、あしたの会議の準備、できた？

男：はい。スライドができたので、見ていただけますか。えーと、こちらです。

女：うーん、ちょっと字が小さいわねえ。タイトルはいいけど、ほかの文字はもう少し大きくしたほうがいいんじゃない？

男：はい。

女：この写真、もっと小さくして。少し大きすぎるから。

男：え、でもこの写真は重要なので、小さくしないほうが……。

女：そうかあ。じゃあ、そうしましょう。あ、このグラフ、よくできてるじゃない。じゃあ、そこだけ直しといて。

男：わかりました。ありがとうございます。

男の人はスライドの何を直しますか。

회사에서 여자와 남자가 이야기하고 있습니다. 남자는 슬라이드의 무엇을 고칩니까?

여: 다나카 씨, 내일 회의 준비 다 됐어?

남: 네, 슬라이드가 완성됐는데 봐 주실 수 있나요? 자, 여기 있습니다.

여: 음… 글자가 조금 작네. 타이틀은 괜찮은데, 다른 글자는 조금 더 크게 하는 편이 좋지 않을까?

남: 네.

여: 이 사진, 조금 더 작게 해 줘. 좀 너무 크니까.

남: 네, 그런데 이 사진은 중요하니까 작게 하지 않는 편이…….

여: 그런가? 그럼, 그렇게 합시다. 아, 이 그래프 잘 만들었네. 그럼, 거기만 수정해 놔 줘.

남: 알겠습니다. 감사합니다.

남자는 슬라이드의 무엇을 고칩니까?

주요 표현 참조

「大きくしたほうがいい」 →「조언, 충고」 80p

「いいんじゃない？」「よくできてるじゃない」 →「인토네이션 (1) (2)」 71p

「小さくしないほうが……」 →「말끝을 흐리는 표현」 87p

女の人がレストランの人と話しています。女の人はどうしますか。

女：もしもし、あの、今日の6時に予約したいんですが。

男：今日は予約の席がもういっぱいなんです。あした以降でしたらいつでもお取りできますが。または、今日ですと、8時すぎであれば。

女：8時すぎか……。ちょっと遅いな。

男：それでしたら、5時半から店が始まりますので、開店と同時に来ていただければ、たぶん、大丈夫だと思いますよ。予約席ではない席も少しあるので。

女：あ、予約ではない席もあるんですか。その席、6時では無理ですよね。

男：あー、6時ですと、何とも言えません……。

女：わかりました。今日、早く行けるので、そうします。

男：はい、お待ちしております。

女の人はどうしますか。

여자가 레스토랑 점원과 이야기하고 있습니다. 여자는 이떻게 합니까?

여: 여보세요. 저, 오늘 6시에 예약하고 싶은데요.

남: 오늘은 예약석이 꽉 찼습니다. 내일 이후라면 언제라도 예약하실 수 있습니다만. 아니면 오늘이라면 8시 지나서라면…….

여: 8시 지나서요? 좀 늦는데…….

남: 그러시다면 5시 반부터 가게가 시작되니 개점과 동시에 와 주시면 아마 괜찮을 것 같습니다. 예약석이 아닌 자리도 좀 있으니까.

여: 아, 예약석이 아닌 자리도 있습니까? 그 자리, 6시에는 무리겠죠?

남: 네… 6시라면 뭐라고 말씀드리기가 어렵네요.

여: 알겠습니다. 오늘 빨리 갈 수 있으니 그렇게 하겠습니다.

남: 네, 기다리고 있겠습니다.

여자는 어떻게 합니까?

4 ばん　　정답　3

스크립트　　🔊 095_05

喫茶店で店員と女の人が話しています。女の人はこれからどうしますか。

男：いらっしゃいませ。ご注文は？

女：えーと。ホットコーヒー、一つ。

男：店内でお召し上がりですか。

女：はい。

男：大きさは、どうなさいますか。

女：そうねえ、Sでいいわ。

男：お会計250円でございます。

女：あ、ごめんなさい、ちょっと待って。もしもし、アイちゃん、何？　……え？　ミド
　　リ電気さんから電話？　わかった。すぐ帰る。すみません、帰らなきゃ。それ、袋
　　に入れてもらえる？

男：はい。かしこまりました。

女の人はこれからどうしますか。

찻집에서 점원과 여자가 이야기하고 있습니다. 여자는 지금부터 어떻게 합니까?

남: 어서 오세요. 주문은?

여: 음… 뜨거운 커피, 하나.

남: 매장에서 드시겠습니까?

여: 네.

남: 사이즈는 어떻게 하시겠습니까?

여: 아, 스몰 사이즈로요.

남: 금액은 250엔입니다.

여: 아, 미안해요, 잠시만요. 여보세요, 아이 씨? 뭐? …… 응? 미도리전기에서 전화? 알겠어. 바로 돌아갈게. 죄송해요, 가
　야 해요. 그거, 봉투에 넣어 주실래요?

남: 네. 알겠습니다.

여자는 지금부터 어떻게 합니까?

주요 표현 참조

「袋に入れてもらえる？」→「의뢰하기」 74p

스크립트　🔊 095_06

母親と息子が話しています。息子はこのあとどこへ行きますか。

女：たかし、さっき、あとで銀行行くって言ってたわよね。わるいんだけど、帰りに郵便局行って、はがき 10枚買ってきてくれる？

男：いいよ。

女：はい、お金。

男：郵便局って、コンビニの前だよね？

女：前じゃなくて、コンビニの角を曲ったところよ。

男：あ、あそこか。じゃ、残ったお金でコンビニでアイス買ってもいい？

女：何、小学生みたいなこと言ってんのよ。

男：行ってきてあげるんだから、いいだろう？

女：じゃあ、いいよ。自分で行くから。

男：えー。新発売のアイス食べたかったのに……。

女：まったく。アイスは私のも買ってきてよ。

息子はこのあとどこへ行きますか。

엄마와 아들이 이야기하고 있습니다. 아들은 이다음 어디에 갑니까?

여: 다카시, 조금 전에, 이따가 은행에 간다고 말했지? 미안하지만 돌아오는 길에 우체국에 가서 엽서 10장 사다 줄래?

남: 알겠어.

여: 자, 돈.

남: 우체국이라면 편의점 앞이지?

여: 앞이 아니라, 편의점 모퉁이를 돈 곳에 있어.

남: 아, 거기구나. 그럼 남은 돈으로 편의점에서 아이스크림 사도 돼?

여: 무슨 초등학생 같은 소리 하고 있어.

남: 갔다 와 주는 거니까, 괜찮잖아?

여: 그럼 됐어. 내가 갈 테니까.

남: 쳇, 새로 나온 아이스크림 먹고 싶었는데…….

여: 정말 못 말린다니까. 아이스크림은 내 것도 사 가지고 와.

아들은 이다음 어디에 갑니까?

주요 표현 참조

「買ってきてくれる？」→「의뢰하기」 74p

「いいだろう？」→「인토네이션(6)」 73p

「じゃあ、いいよ」→「인토네이션(3)」 72p

「食べたかったのに……。」→「말끝을 흐리는 표현」 87p

6ばん　　정답　1

51p

스크립트　🔊 095_07

高橋さんが病院に予約の電話をしています。高橋さんは来月、何日に何を用意して病院へ行きますか。

女1：はい、秋山病院です。

女2：あの、健康診断の予約をお願いしたいんですが。高橋ノリコと申します。

女1：はい、高橋ノリコさんですね。ありがとうございます。えー、お取りできるのが、一番早くて来月2日、木曜日の午後2時半なんですが。

女2：そうですか。3日の金曜だったら、何時ですか。

女1：午前10時にお取りできます。

女2：そうですか……。じゃあ、木曜日でお願いします。

女1：はい、わかりました。検査する時Tシャツに着替えていただきたいんですが、お持ちになりますか。こちらで用意する場合は400円かかるんですが。

女2：400円ですか……。Tシャツなら何でもかまいませんか。

女1：はい。

女2：何でもいいんだったら、そうします。

高橋さんは来月、何日に何を用意して病院へ行きますか。

다카하시 씨가 병원에 예약 전화를 하고 있습니다. 다카하시 씨는 다음 달, 며칠에 무엇을 준비해서 병원에 갑니까?

여1: 네, 아키야마 병원입니다.

여2: 저, 건강 진단(검진) 예약을 부탁드리고 싶은데요. 다카하시 노리코라고 합니다.

여1: 네, 다카하시 노리코 씨요. 감사합니다. 음… 예약 가능하신 날이 가장 빨라도 다음 달 2일, 목요일 오후 두 시 반입니다만.

여2: 그렇습니까. 3일 금요일이라면 몇 시입니까?

여1: 오전 10시에 잡으실 수 있습니다.

여2: 그렇습니까. 그럼 목요일로 부탁드립니다.

여1: 네, 알겠습니다. 검사할 때 티셔츠로 갈아입어 주셔야 하는데, 지참하시겠습니까? 이쪽에서 준비하는 경우에는 400엔 비용이 듭니다.

여2: 400엔입니까? 티셔츠라면 아무것이나 상관없나요?

여1: 네.

여2: 아무것이나 괜찮다면 그렇게 하겠습니다.

다카하시 씨는 다음 달, 며칠에 무엇을 준비해서 병원에 갑니까?

問題2

1 ばん 　 정답 4 　　　　　　　　　　　　　　　　　 52p

스크립트 🔊 095_09

スーパーのアナウンスを聞いています。今日、お店のカードを持っている人が牛肉を買いたいと思っています。カードがある人は、何パーセント割引になりますか。

女：皆様、本日は雨の中、スーパー山田にお越しいただきまして、ありがとうございます。毎週水曜日、特別割引を行っています。牛肉ととり肉は全商品割引となっております。いつもは、スーパー山田のカードをお持ちのお客様は 20 パーセント引き、お持ちでないお客様は 10 パーセント引きですが、今日、雨の中来てくださったお客様のために、サービスとしてカードをお持ちのお客様は 25 パーセント引き、お持ちでないお客様は 15 パーセント引きとさせていただきます。どうぞお買い忘れのないように！

カードがある人は、何パーセント割引になりますか。

슈퍼의 안내 방송을 듣고 있습니다. 오늘, 가게 카드를 가지고 있는 사람이 소고기를 사고 싶다고 생각하고 있습니다. 카드가 있는 사람은 몇 퍼센트 할인됩니까?

여: 여러분, 오늘은 우천 중에 슈퍼 야마다에 와 주셔서 감사합니다. 매주 수요일, 특별 할인을 실시하고 있습니다. 소고기와 닭고기는 전 상품 할인입니다. 평소에는 슈퍼 야마다 카드를 가지고 계신 손님은 20% 할인, 가지고 계시지 않은 손님은 10% 할인됩니다만, 오늘, 우천 중에 와 주신 손님을 위해 서비스로 카드를 가지고 계신 손님은 25% 할인, 가지고 계시지 않은 손님은 15% 할인해 드리겠습니다. 부디 구매를 잊지 않으시기를!

카드가 있는 사람은 몇 퍼센트 할인됩니까?

2 ばん　　정답　3

스크립트　🔊 095_10

工場見学で案内の人が昼休みについて話しています。お弁当を持ってきた人はどこで食べますか。

男：えー、昼食について説明します。お弁当を予約した方は5階の501会議室で食べてください。あ、その前に2階の事務室でお弁当を受け取ってください。受け取る時は、自分の名前を言ってお金を払ってくださいね。自分でお弁当を持ってきた方も同じ場所で食べられます。お茶は地下1階に自動販売機がありますので、そこで買うことができます。8階には食堂があります。お弁当を持ってこなかった方は、食堂が利用できますので、そこで食べてください。

お弁当を持ってきた人はどこで食べますか。

공장 견학에서 안내인이 점심시간에 대해서 이야기하고 있습니다. 도시락을 가지고 온 사람은 어디에서 먹습니까?

남: 음… 점심 식사에 대해서 설명드리겠습니다. 도시락을 예약하신 분은 5층 501호 회의실에서 드세요. 아, 그 전에 2층 사무실에서 도시락을 수령해 주세요. 수령하실 때에는 자신의 이름을 말하고 돈을 지불해 주세요. 직접 도시락을 가지고 오신 분도 같은 장소에서 드실 수 있습니다. 차는 지하 1층에 자판기가 있으니 거기서 살 수 있습니다. 8층에는 식당이 있습니다. 도시락을 가지고 오지 않으신 분은 식당을 이용하실 수 있으니 그 곳에서 드세요.

도시락을 가지고 온 사람은 어디에서 먹습니까?

3 ばん　　정답　1

스크립트　🔊 095_11

男の学生と女の学生が話しています。女の学生は料理についてどんなアドバイスをしましたか。

男：うちで料理してる？
女：うん。大体毎日。節約になるし、栄養バランスもいいよ。
男：ぼくも最近始めたんだけど、時間がかかるんだよね。ネットで作り方を調べて、材料を買ってきて、それから塩やしょうゆを計ったりして作るのが、大変で。

女：ああ、ちゃんと作ろうとするから。一度作れば、大体のやり方がわかるでしょう？自分で味をみて、好きにすればいいのよ。

男：でも、自信がないなあ。正しい順番で、分量もきちんと計らないといけないと思って。

女：同じものを何回か作れば覚えられるよ。はじめのうちはメニューは増やさなくていいから。山下さんはまじめにきちんとやろうとするから、大変になっちゃうんじゃない？

男：そうかもしれないなあ。

女の学生は料理についてどんなアドバイスをしましたか。

남학생과 여학생이 이야기하고 있습니다. 여학생은 요리에 대해서 어떤 조언을 했습니까?

남: 집에서 요리해?

여: 응, 거의 매일. 절약도 되고 영양 밸런스도 좋아.

남: 나도 최근에 시작했는데, 시간이 걸리더라. 인터넷에서 요리법을 찾아보고 재료를 사 와서, 그다음 소금이나 간장을 재거나 해서 만드는 게 힘들어서.

여: 아, 제대로 만들려니까 그렇구나. 한번 만들면 대략의 조리법을 알 수 있잖아? 직접 맛을 보고 기호에 맞게 하면 되는 거야.

남: 그런데 자신이 없어. 바른 순서로, 분량도 정확히 계량하지 않으면 안 된다는 생각이 들어서.

여: 같은 것을 몇 번 만들면 기억할 수 있어. 처음에는 메뉴는 늘리지 않아도 되니까. 야마시타 씨는 성실하게 제대로 하려니까 힘들어지는 거 아닐까?

남: 그럴지도 몰라.

여학생은 요리에 대해서 어떤 조언을 했습니까?

주요 표현 참조

「大変になっちゃうんじゃない？」→「구어체」 68p 「인토네이션(1)」 71p

4 ばん　　정답　2　　　　　　　　　　　　　　　52p

스크립트　🔊 095 12

男の人と女の人が電話で話しています。男の人はどうして女の人に電話をしましたか。

男：もしもし、前川です。

女：あ、前川さん、この間はどうも。

男：あ、こちらこそ、いろいろありがとうございました。あの、今日は、ヤンさんにちょっと教えていただきたいことがあって……。

女：はい、何でしょう？

男：あの、以前、大阪に旅行した時に泊まったホテルがすごくよかったっておっしゃってましたよね。あれ、何ていうホテルでしたか？

女：ああ、スターホテルですか。ええ。よかったですよ。あんまり高くないし。

男：スターホテルですね。ありがとうございます。実は、来月、大阪の友達が結婚することになって、大阪に行くんですよ。それで、ホテルを予約しようと思って。

女：ああ、そうですか。でも、行ったのは、3年前だから、もしかしたら、もっと新しくていいホテルができたかもしれないけど。

男：いえ、ありがとうございました。助かりました。

男の人はどうして女の人に電話をしましたか。

남자와 여자가 전화로 이야기하고 있습니다. 남자는 왜 여자에게 전화를 했습니까?

남: 여보세요, 마에카와입니다.

여: 아, 마에카와 씨. 지난번에는 감사했어요.

남: 아, 저야말로 여러 가지로 감사했습니다. 저, 오늘은 양 씨가 가르쳐 주셨으면 하는 게 있어서…….

여: 네, 뭔데요?

남: 저, 예전에 오사카에 여행 갔을 때 숙박한 호텔이 굉장히 좋았다고 말씀하셨죠? 그 호텔 이름이 뭐였죠?

여: 아, 스타호텔이요? 네, 좋았어요. 별로 비싸지도 않고.

남: 스타호텔이군요. 감사합니다. 실은, 다음 달, 오사카에 있는 친구가 결혼하게 돼서 오사카에 가거든요. 그래서 호텔을 예약하려고 해요.

여: 아, 그렇군요. 그런데 간 건 3년 전이라서 어쩌면 더 새롭고 좋은 호텔이 생겼을지도 몰라요.

남: 아니에요, 감사합니다. 도움이 됐어요.

남자는 왜 여자에게 전화를 했습니까?

주요 표현 참조

「教えていただきたいことがあって……」→「서론」 88p

レストランで男の人と女の人が話しています。男の人は、どうしてカレーを食べませんか。

男：あー、おなかすいた。何食べようかな。

女：みんな、おいしそうね。

男：あ、このチキンカレー、おいしそうだな。

女：じゃ、ヒロ君、それにする？

男：いや、やめとく。ハンバーグがいいかな。

女：えー、ヒロ君カレー好きでしょう？

男：そうなんだけどさ。今日は、木曜日だから。

女：カレーと曜日に関係があるの？

男：それが、あるんだよ。うちの会社、毎週金曜日に社長がみんなにランチを作ってくれるんだけどさ。

女：うん。

男：それが、毎週、カレーなんだよ。種類は違うんだけどね。

女：へえ、おもしろいね。

男：だから、今日はハンバーグだ！

男の人は、どうしてカレーを食べませんか。

레스토랑에서 남자와 여자가 이야기하고 있습니다. 남자는 왜 카레를 먹지 않습니까?

남: 아, 배고프다. 뭐 먹을까?

여: 전부 맛있어 보이네.

남: 아, 이 치킨카레 맛있을 것 같다.

여: 그럼, 히로는 그걸로 할래?

남: 아니, 그만 둘게. 햄버그스테이크가 좋을까?

여: 에? 히로 카레 좋아하잖아.

남: 그렇긴 한데. 오늘은 목요일이니까.

여: 카레랑 요일이 관계가 있어?

남: 그게 말이지, (관계) 있어. 우리 회사, 매주 금요일에 사장님이 모두에게 점심을 만들어 주시는데 말이야.

여: 응.

남: 그게, 매주 카레야. 종류는 다르지만.

여: 우와, 재미있네.

남: 그래서, 오늘은 햄버그스테이크다!

남자는 왜 카레를 먹지 않습니까?

주요 표현 참조

「カレー好(す)きでしょう？」 → 「인토네이션(6)」 73p

6ばん　　정답　4

스크립트　　🔊 095_14

男(おとこ)の人(ひと)と女(おんな)の人(ひと)が絵(え)の教室(きょうしつ)について話(はな)しています。女(おんな)の人(ひと)はどうしてやめたいと思(おも)っていますか。

男(おとこ)：あ、橋本(はしもと)さん、今日(きょう)は絵(え)の教室(きょうしつ)に行(い)くんだ。もう何年(なんねん)行(い)ってる？ 上手(じょうず)になったでしょう。

女(おんな)：いやあ、だめだめ。なかなか進歩(しんぽ)しない。でも、先生(せんせい)はどこかいいところを見(み)つけてほめてくれるの。だから続(つづ)いているのかも。でもねえ、最近(さいきん)は、教室(きょうしつ)に行(い)くために仕事(しごと)を早(はや)く終(お)わらせるのが難(むずか)しくて。

男(おとこ)：このごろほんとに忙(いそが)しいよね。

女(おんな)：でも、忙(いそが)しいのは何(なん)とかできるんだけど、それより教室(きょうしつ)に来(き)ている人(ひと)がほんとにいろいろでね。上(うえ)は80代(だい)から、下(した)は高校生(こうこうせい)までいて、おもしろいんだけど、中(なか)にうるさい人(ひと)がいて、最近(さいきん)、雰囲気(ふんいき)が悪(わる)くなってきちゃったの。だから、やめちゃおうかなって思(おも)ってるんだ。

男(おとこ)：そんなことでやめちゃうの？

女(おんな)の人(ひと)はどうしてやめたいと思(おも)っていますか。

남자와 여자가 그림 교실(미술 학원)에 대해서 이야기하고 있습니다. 여자는 왜 그만두고 싶다고 생각하고 있습니까?

남: 아, 하시모토 씨, 오늘은 미술 학원 가는구나? 벌써 몇 년째 다니고 있지? 많이 늘었지?

여: 아니, 아직이야. 좀처럼 늘지 않아. 하지만, 선생님은 어딘가 잘한 곳을 찾아서 칭찬해 주셔. 그래서 계속하는 건지도 몰라. 그런데 요즘에는 학원에 가기 위해 일을 빨리 끝내는 게 어려워서.

남: 요새 정말 바쁘지?

여: 그래도 바쁜 건 어떻게든 하겠는데, 그것보다 학원에 오는 사람이 정말 다양해. 위로는 80대부터 아래로는 고등학생까지 있어서 재미있기는 한데, 그 중에 시끄러운 사람이 있어서, 요즘 분위기가 나빠졌어. 그래서 그만둘까 생각 중이야.

남: 그런 일로 그만두려고?

여자는 왜 그만두고 싶다고 생각하고 있습니까?

주요 표현 참조

「雰囲気が悪くなってきちゃったの」「やめちゃおうかなって思ってるんだ」→「구어체」 68p

問題3

1 ばん　　정답　2

54p

스크립트　🔊 095_16

料理の先生が話しています。

女：今日は軽い昼ご飯にぴったりな料理をご紹介しますね。まず、パンをご用意ください。パンの上に薄く生クリームをのばします。次に、みかんの皮をむいて、あ、外側の皮だけね。中の薄い皮はそのままでいいんです。これを真ん中に置きます。みかんは、やわらかいのを選ぶといいですよ。それから、みかんの横に、ぶどうを置いて、もう一度生クリームを塗ります。上手に塗ってくださいね。そして、上にパンを乗せます。最後に、このパンを斜めに、こう切ると、ほら。フルーツを切った面がきれいに見えて、おいしそうなサンドイッチができましたね。

この人は、何について話していますか。

1　おいしいみかんの選び方　　2　フルーツサンドイッチの作り方
3　サンドイッチの上手な切り方　　4　みかんの皮の上手なむき方

요리 선생님이 이야기하고 있습니다.

여: 오늘은 가벼운 점심에 딱 좋은 요리를 소개하겠습니다. 먼저, 빵을 준비해 주세요. 빵 위에 얇게 생크림을 펴 바릅니다. 그다음 귤껍질을 벗겨서, 아, 겉껍질만이에요. 안의 얇은 껍질은 그대로 두셔도 됩니다. 이것을 한가운데에 놓습니다. 귤은 부드러운 것을 고르면 좋아요. 그런 다음, 귤 옆에 포도를 놓고 한 번 더 생크림을 바릅니다. 잘 발라 주세요. 그리고 위에 빵을 올립니다. 마지막으로 이 빵을 비스듬하게 이렇게 자르면, 자 보세요, 과일을 자른 면이 예쁘게 보이니, 먹음직스러운 샌드위치가 완성됐네요.

이 사람은 무엇에 대해서 말하고 있습니까?

1 맛있는 귤을 고르는 법   2 과일 샌드위치를 만드는 법
3 샌드위치를 잘 자르는 법   4 귤껍질을 잘 벗기는 법

| 주요 표현 참조 |

「まず」「次に」「最後に」→「순번, 차례」 74p

2ばん　　정답　3

54p

| 스크립트 | 🔊095_17 |

テレビでアナウンサーが話しています。

男：私は今、月山市にあるデパートの屋上に来ています。ご覧のように、ここは子ども
のための遊び場になっておりまして、ロケットや車など子ども用の乗り物が置かれ
ています。えー、ここは30年前にできたんですが、実はここをペットが遊べる広
場に変えるという計画が発表されました。これに対して、このまま残してほしいと
いうメールや電話がデパートにたくさん来ているそうです。デパートの方のお話に
よると、子どもが遊ぶ場所がほかにもたくさんできたため、最近では利用する人が
減ってしまったということなんですね。これからこの場所がどうなるか、気になり
ますね。

アナウンサーは主に何について話していますか。

1　このデパートの屋上の歴史　　　2　このデパートの屋上にある乗り物
3　このデパートの屋上を変える計画　4　このデパートの屋上が愛されてきた理由

텔레비전에서 아나운서가 이야기하고 있습니다.

남: 저는 지금 쓰키야마시에 있는 백화점 옥상에 와 있습니다. 보시는 바와 같이, 이곳은 어린이를 위한 놀이터로 되어 있고,
로켓이나 차 등 어린이용 놀이 기구가 놓여 있습니다. 에, 이곳은 30년 전에 생겼지만, 실은 이곳을 반려동물이 놀 수 있
는 광장으로 바꾼다는 계획이 발표되었습니다. 이에 대해서, 이대로 남겨 달라는 메일이나 전화가 백화점에 많이 오고
있다고 합니다. 백화점 관계자의 말씀에 따르면 어린이가 놀 장소가 그 밖에도 많이 생겼기 때문에, 최근에는 이용하는
사람이 줄어들었다고 합니다. 앞으로 이 장소가 어떻게 될지 궁금하네요.

아나운서는 주로 무엇에 대해서 이야기하고 있습니까?

1 이 백화점 옥상의 역사   2 이 백화점 옥상에 있는 놀이 기구
3 이 백화점 옥상을 바꾸는 계획   4 이 백화점 옥상이 사랑받아 온 이유

주요 표현 참조

「実は」 → 「다음에 무엇이 올지 예측 가능한 표현」 89p

3 ばん   정답 3   54p

스크립트   🔊 095_18

女の人の部屋の玄関で女の人と男の人が話しています。

女：はい。

男：上の階の小川です。

　　はじめまして。上の811に引っ越してきた、小川と申します。

女：ああ、8階の……。

男：はい、どうぞよろしくお願いします。うちには、小学生の子どもが二人いて、上の
　　子がピアノをときどき弾きますので……。うるさかったら、おっしゃってください
　　ね。夜は弾かせないようにしますけれど。

女：あら、うちも小学校2年の子どもがいます。お友達になれるといいですね。こちら
　　こそよろしくお願いします。

男：あの、これ、少しですけど、皆様で召し上がってください。妻が作ったおかしなん
　　です。

女：ご丁寧にありがとうございます。

男の人は何をしに来ましたか。

1　ピアノの音がうるさかったことを謝るため

2　子どもと友達になってほしいと頼むため

3　引っ越しのあいさつをするため

4　おかしを作ったので、食べてもらうため

여자의 집 현관에서 여자와 남자가 이야기하고 있습니다.

여: 네.

남: 위층의 오가와입니다. 처음 뵙겠습니다. 위층 811호에 이사 온 오가와라고 합니다.

여: 아, 8층의…….

남: 네, 잘 부탁드리겠습니다. 저희 집에는 초등학생 아이가 둘이 있고, 큰아이가 피아노를 가끔 치기 때문에……. 시끄러우면 말씀해 주세요. 밤에는 못 치게 하겠지만요.

여: 어머, 저희 집에도 초등학교 2학년인 아이가 있어요. 친구가 되면 좋겠네요. 저희야말로 잘 부탁드립니다.

남: 저, 이거 약소하지만, 가족과 함께 드세요. 아내가 만든 과자입니다.

여: 세심한 배려 감사합니다.

남자는 무엇을 하러 왔습니까?

1 피아노 소리가 시끄러웠던 것을 사과하기 위해

2 아이와 친구가 되어 달라고 부탁하기 위해

3 이사 인사를 하기 위해

4 과자를 만들었으니 먹어 달라고 하기 위해

問題4

1 ばん　　정답　3　　　　　　　　　　　　　　　　　　　　55p

스크립트　🔊 095_20

お年寄りを手伝いたいです。何と言いますか。
男：1　荷物、お持ちになりますか。
　　　2　荷物、持ってくださいませんか。
　　　3　荷物、お持ちしましょうか。

어르신을 돕고 싶습니다. 뭐라고 말합니까?

남: 1 짐, 들으시겠습니까?

　　2 짐, 들어 주시지 않겠습니까?

　　3 짐, 들어 드릴까요?

주요 표현 참조

「お持ちしましょうか」→「경어(겸양어)」 62p 　「자청하기」 77p

2 ばん　정답　1

55p

スクリプト　🔊095_21

8時にこの店を出たいです。友達に何と言いますか。
男： 1　そろそろ行かない？
　　 2　すぐに行ってくれない？
　　 3　もう行ったんじゃない？

8시에 이 가게를 나가고 싶습니다. 친구에게 뭐라고 말합니까?
남: 1 슬슬 가지 않을래?
　 2 바로 가 주지 않을래?
　 3 벌써 간 거 아니야?

주요 표현 참조

「行かない？」→「권유하기」 78p

3 ばん　정답　2

56p

スクリプト　🔊095_22

会議で説明が終わりました。聞いている人に何と言いますか。
女： 1　以上です。ご質問のある方はお話をお願いします。
　　 2　以上です。何かご質問がありましたらどうぞ。
　　 3　以上です。何か質問をさせていただけませんか。

회의에서 설명이 끝났습니다. 듣고 있는 사람들에게 뭐라고 말합니까?
여: 1 이상입니다. 질문이 있으신 분은 말씀을 부탁드립니다.
　 2 이상입니다. 무엇인가 질문이 있으시면 해 주세요.
　 3 이상입니다. 질문 좀 드려노 뇌겠습니까?

82

4ばん　　正答　1

スクリプト　🔊 095_23

友達がお皿を洗おうとしています。あとでひとりでお皿を洗うつもりです。何と言いますか。

男：1　お皿、そのままにしといて。
　　2　お皿は洗わなくちゃいけないね。
　　3　お皿を洗ってもいいよ。

친구가 설거지를 하려고 합니다. 나중에 혼자서 닦을 생각입니다. 뭐라고 말합니까?

남: 1 접시, 그대로 놔 둬.
　　2 설거지는 해야겠네.
　　3 설거지해도 돼.

주요 표현 참조

「そのままにしといて」→「구어체」 68p 　「~어 있다/~해 두다/~어 있다」 85p

問題5

1ばん　　正答　3

57p

スクリプト　🔊 095_25

女：お料理、もう少しいかがですか。
男：1　ええ、お口に合うかどうか。
　　2　ありがとうございます。もう少しどうぞ。
　　3　あ、すみません。もうおなかがいっぱいですので……。

여: 요리, 조금 더 어떠세요?
남: 1 네, 입에 맞을지 어떨지.
　　2 감사합니다. 조금 더 드세요.
　　3 아, 죄송합니다. 이제 배가 불러서요…….

주요 표현 참조

「もう少しいかがですか」→「인사/의례적 표현」 60p

2ばん　　正답　3

스크립트　🔊 095_26

男：大変そうだね。少し手伝おうか？
女：1　ごめん、今、手伝えないんだ。
　　2　うん、手伝おう。
　　3　あ、ありがとう。

남: 힘들어 보이네. 좀 도와줄까?
여: 1 미안, 지금 도와줄 수 없어.
　　2 응, 도와주자.
　　3 아, 고마워.

주요 표현 참조

「少し手伝おうか？」→「자청하기」 77p

3ばん　　正답　1

57p

스크립트　🔊 095_27

女：小川さんにあげるプレゼント、何がいいと思う？
男：1　うーん、スカーフなんかは？
　　2　すてきなプレゼントでよかったね。
　　3　小川さんにもプレゼントあげたらどう？

여: 오가와 씨에게 줄 선물, 뭐가 좋을 거 같아?
남: 1 음… 스카프 같은 건 (어때)?
　　2 멋진 선물이어서 다행이네.
　　3 오가와 씨에게도 선물 주면 어때?

주요 표현 참조

「スカーフなんかは？」→「말끝을 흐리는 표현」 87p

4ばん　　정답　2

57p

スクリプト　🔊 095_28

女：いらっしゃいませ。何になさいますか。
男：1　コーヒーになさいます。
　　2　ぶどうジュース、ありますか。
　　3　紅茶だと思います。

여: 어서 오세요. 무엇으로 하시겠습니까?
남: 1 커피로 하시겠습니다.
　 2 포도 주스, 있습니까?
　 3 홍차라고 생각합니다.

주요 표현 참조

「なさいます」→「경어(존경어)」 62p

5ばん　　정답　2

57p

スクリプト　🔊 095_29

男：会議の資料、部長に見せる前に、ちょっと見てほしいんだけど。
女：1　見たいの？　いいよ。
　　2　今、ちょっと急いでるから、あしたでいい？
　　3　ちょっと待って。あとで見せる。

남: 회의 자료, 부장님께 보여드리기 전에 좀 봐 줬으면 하는데.
여: 1 보고 싶어? 좋아.
　 2 지금 좀 바쁜데, 내일 괜찮을까?
　 3 잠시 기다려 줘. 나중에 보여줄게.

주요 표현 참조

「見てほしいんだけど」→「의뢰하기」 74p

6ばん　　정답　1

스크립트　　🔊095_30

女：この本、お借りしてもよろしいでしょうか。
男：1　ええ、どうぞ。
　　　2　いいえ、けっこうです。
　　　3　はい、お借りします。

여: 이 책, 빌려도 될까요?
남: 1 네, 여기 있어요.
　　2 아니요, 괜찮습니다.
　　3 네, 빌리겠습니다.

주요 표현 참조

「お借りしてもよろしいでしょうか」→「경어(겸양어)」62p　　「의뢰하기 주의」75p　　「허가 구하기」76p

7ばん　　정답　2

57p

스크립트　　🔊095_31

男：パソコンでグラフを作る方法、知ってる？
女：1　パソコンを使ったらどう？
　　　2　パソコンのことなら、石田さんに聞いたら？
　　　3　グラフより絵を描くほうが難しいよ。

남: 컴퓨터로 그래프를 만드는 방법, 알고 있어?
여: 1 컴퓨터를 사용하면 어때?
　　2 컴퓨터라면 이시다 씨에게 물어보면 (어때)?
　　3 그래프보다 그림을 그리는 게 어려워.

주요 표현 참조

「石田さんに聞いたら？」→「조언, 충고」80p

8 ばん　　정답　1

스크립트　🔊 095_32

女：先生から、もう説明を聞きましたか。
男：1　いいえ、聞いていません。

　　　2　いいえ、まだまだです。

　　　3　いいえ、聞いたことがありません。

여: 선생님께 이미 설명 들었어요?
남: 1 아니요, 못 들었어요.
　　2 아니요, 아직 멀었어요.
　　3 아니요, 들어 본 적이 없어요.

9 ばん　　정답　2

스크립트　🔊 095_33

男：この絵、ほしいな。どう思う？
女：1　ううん、いいと思う。

　　　2　ああ、いいんじゃない？

　　　3　いや、ほしいんじゃない？

남: 이 그림, 갖고 싶어. 어떻게 생각해?
여: 1 아니, 괜찮은 것 같아.
　　2 음, 괜찮지 않아?
　　3 아니, 갖고 싶은 거 아냐?

주요 표현 참조

「いいんじゃない？」→「인토네이션(1)」 71p

문제 유형별 핵심 포인트 총정리

시사
JLPT 일본어능력시험
합격 시그널

N3 청해

스크립트 / 정답 및 해설